会计岗位实务系列教材

（岗位技能课程）

往来核算会计岗位实务

张世体　编著

中国财政经济出版社

图书在版编目（CIP）数据

往来核算会计岗位实务/张世体编著．—北京：中国财政经济出版社，2012.08 重印
（会计岗位实务系列教材．岗位技能课程）
ISBN 978－7－5095－0641－7

Ⅰ．往…　Ⅱ．张…　Ⅲ．税收会计－教材　Ⅳ．F810.42

中国版本图书馆 CIP 数据核字（2008）第 054526 号

中国财政经济出版社出版
URL：http：//www.cfeph.cn
E－mail：jiaoyu@cfeph.cn

社址：北京市海淀区阜成路甲 28 号　邮政编码：100142
发行电话：88190616/54　传真：88190655
北京金华印刷有限公司印刷　各地新华书店经销
787×1092 毫米　16 开　5.75 印张　92 000 字
2012 年 8 月第 1 版第 3 次印刷
定价：13.00 元
ISBN 978－7－5095－0641－7/F・0518
（图书出现印装问题，本社负责调换）

出版说明

为了满足会计专业职业教育教学的需要，结合我国会计改革和长期教学的实践，我们组织出版了会计岗位实务系列教材。教材编写依据《企业会计准则——基本准则》和38项具体准则以及《企业会计准则——应用指南》，全面贯彻“以服务为宗旨、以就业为导向”的职业教育改革发展方针。

该系列教材突破了传统会计专业课程体系，依照中小企业财务部门的会计岗位分类，把每一岗位所需要的全部知识和技能编写成册，目的在于使会计专业的学生学习之后，可以直接上岗。每一分册的组成如下：

主教材——供教师和学生上课使用；

配套光盘——供学生自学、巩固知识、课后练习用；

教学课件——供教师上课演示用；

标准化教案——含授课计划、课时大纲及教案，供教师备课用。

其中教学课件、标准化教案均需登录中国财政经济出版社网站：www.cfeph.cn，点击“教育分社”，免费下载。

该系列教材具有以下特点：

(1) 立足于中小型企业主流业务，目标定位明确；

(2) 按照会计岗位设置、构建学习模块，一岗一册；

(3) 按照典型业务构建学习单元；

(4) 知识综合，篇幅较小，组合灵活；

(5) 采用“学中做”“业务办理”“业务指导”“上岗一试”“岗位训练”等逐步递进的教学方法，引导和启发学生学习；

(6) 采用主教材、配套光盘、教学课件、标准化教案相结合的立体化开发模式；

(7) 语言通俗，排版新颖。

在教材的出版过程中，我们得到了教育部和财政部有关司局领导的关心和指导，众多知名会计专家、学者、一线教师以及行业从业人员参与了编写和审稿工作，在此表示感谢。我们真诚地希望各类职业技术院校在教材的使用中，能够总结经验，及时提出修改意见和建议，使之不断完善和提高。

中国财政经济出版社

2008 年 3 月

前 言

加强实践性教学环节是往来核算会计岗位教材改革的关键之一。由于会计学科的应用性特点，要求会计教学不仅要向学生全面系统地传授基本会计理论和会计方法，而且要特别注重培养他们应用会计理论和方法来解决会计实践问题的能力。本书本着厚基础、重能力、求创新的总体思路，优化整合课程内容，突出会计学科的应用性特点，依据财政部于2006年颁布的《企业会计准则》，紧密结合企业实际编写而成。

本书在编写过程中，具有以下特色：

1. 突出往来核算会计业务的全面性。本书选取企业一个会计期间发生的往来会计典型业务，从往来经济业务发生时取得或填制原始凭证、编制记账凭证到登记账簿各环节。要求学生利用本教材资料进行模拟练习，从而使学生了解企业往来会计岗位核算的全过程并得到全面完整的实际操作练习，实现学生所学知识与企业实际“零距离”。

2. 突出往来核算会计内容的新颖性。本教材将企业财务会计与会计实训联系起来，在教材体系中体现会计应用性的特点。

3. 突出往来核算会计业务的真实性。本书选取企业实际发生的经济业务为资料，并且在学习时，使用与企业实际工作中完全相同格式的各种发票、结算凭证、记账凭证、账簿和表格，按照最新的《企业会计准则》规定和《会计人员工作规范》要求的会计管理与会计核算的程序，对经济业务进行业务处理，把学生置身于一个往来核算会计的位置上，增强了学生学习的责任心，充分调动了学生学习的积极性、主动性，提高了学生的业务水平，锻炼了学生的实际工作能力。

4. 突出往来核算会计业务的综合性。本书选取某一会计业务，从相互联系的双方企业进行处理，增加了学生的职业判断能力。

本书由张世体编写。往来核算会计岗位教材的编写是一种尝试，作者希望对会计教材建设起到促进作用，对学生的专业应用能力和知识结构起到深化作用。囿于作者的水平，书中肯定存在很多不足，恳请读者在使用本书的过程中发现问题并给予批评和指正。

编著者

2008年4月

目录

第1章

往来核算会计岗位认识

学习目标

- 了解往来核算会计岗位的含义
- 明确往来核算会计岗位的职责
- 理解并熟知往来核算会计岗位的核算内容

1.1 往来核算会计岗位的设置

1.1.1 往来核算会计岗位的含义

对一个企业来讲，往来业务产生于信用，所谓信用是指在商品交换过程中交易的一方以将来偿还的方式获得另一方财物或服务的能力。信用是市场经济的产物，是市场经济运行的基础。信用产生相互账务往来关系，即债权债务关系。企业的往来业务关系表现为企业与外部如供应商、客户、金融机构，企业与内部如内部各部门、职工个人之间的债权债务关系。没有信用，企业的往来债权债务关系也就无从产生。可见往来核算会计是由经济信用产生的、反映企业与其内部和外部不同经济主体间的往来业务核算岗位的专项会计。

往来核算会计岗位究竟应该如何设置，取决于一个单位业务规模的大小、人员的多少以及企业的特点等各种因素。往来核算会计岗位既可以单独设置，也可以与进货（购进）、销货（销售）等会计岗位合并设置。往来核算会计岗位，主要是依据相应的原始凭证，负责进货过程中发生的应付及预付款项的核算；销货过程中发生的应收及预收款项的核算；其他应收应付款项的核算等，设置并登记与其岗位相适应的有关会计账户。

1.1.2 往来核算会计岗位的职责

为了进行会计核算、实施会计监督，企业应当根据自身经营管理的要求和业务活动规模的大小，以及会计工作的实际，在内部设置往来会计岗位。该岗位可设一人，也可设多人。

往来核算会计岗位负责对内对外往来结算业务核算，往来核算会计岗位的职责主要体现在以下几方面：

（1）建立往来款项清算手续制度；对购销业务以外的暂收、暂付、应收、应付、备用金等往来款项，也要加强管理，及时清算；及时做好与各往来单位的款项结算与对账工作；及时对账。

（2）办理往来款项的结算业务。对应收的款项，要及时催收结算；对应付的款项，要抓紧清偿；对确实无法收回的呆账、坏账及无法支付的款项应查明原因，提出处理意见，按照规定经批准后执行。实行备用金制度的单位，要核定备用金定额，及时办理领用和报销手续，加强管理。对预借的差旅费，要督促及时办理报销手续，收回余额，不得拖欠，不准挪用。要按照规定的开支标准，严格审查有关支出。

（3）负责往来款项结算的明细核算，对各项往来款项，要按照单位和个人分户设置明细账。根据审核后的记账凭证，逐笔顺序登记，并做到经常核对余额，年终抄列清单汇报。

（4）负责保证金、押金、应收款项、预收款项的管理。

1.2 往来核算会计岗位的核算内容

1.2.1 往来核算会计岗位的核算范围

从广义上讲，往来核算会计岗位包括企业的资金核算、往来核算、税务核算和工资核算。由于本系列教材单独设立资金会计岗位、税务会计岗位和工资会计岗位，因此，本教材只核算购销往来和其他往来业务，即狭义的往来会计岗位。

企业往来核算会计岗位的业务核算范围包括：企业与客户之间因赊销而形成的应收及预收款项、企业与供应商之间因赊购而形成的应付及预付款项，以及企业除购销业务以外与内部各部门、职工个人间因结算而发生的应付暂收与应收暂付款项。

1.2.2 往来核算会计岗位的核算账户

为了加强对往来款项的管理，核算和监督企业往来款项的发生及结算情况，企业往来核算会计岗位应设置一系列往来结算账户。

（1）应收及预付款项往来结算账户包括“应收票据”、“应收账款”、“预付账款”、“其他应收款”等。

（2）应付及预收款项往来结算账户包括“应付票据”、“应付账款”、“预收账款”、“其他应付款”等。

（3）其他账户包括“坏账准备”、“资产减值损失”等。

第2章 2

应收及应付票据典型业务

学习目标

- 了解应收票据、应付票据的核算内容
- 熟悉应收票据、应付票据的核算程序
- 掌握应收票据、应付票据的核算方法

2.1 应收票据典型业务

相关知识

学习本部分内容，首先要了解应收票据的性质与分类。

应收票据就是企业持有的未到期或未兑现的商业汇票。根据我国现行法律的有关规定，商业汇票的期限不得超过6个月，因而我国的应收票据是一种流动资产。

商业汇票可以按不同的标准进行分类。按照票据是否带息分类，商业汇票分为带息票据和不带息票据两种。带息票据是指商业汇票到期时，承兑人除向收款人或被背书人支付票面金额款项外，还应按票面金额和票据规定的利息率支付自票据生效日起至票据到期日止的利息的商业汇票。不带息票据是指商业汇票到期时，承兑人只按票面金额向收款人或被背书人支付票面款项的票据。

按照票据承兑人的不同进行分类，商业汇票分为银行承兑汇票和商业承兑汇票两种。承兑是汇票付款人承诺在汇票到期日支付汇票金额的票据行为。商业汇票必须经承兑后方可生效。银行承兑汇票的承兑人是承兑申请人的开户银行，商业承兑汇票的承兑人是付款人。

按照票据是否带有追索权分类，商业汇票分为带追索权的商业汇票和不带追索权的商业汇票两种。追索权是指企业在转让应收款项的情况下，接受应收款项转让方在应收款项遭拒付或逾期时，向该应收款项转让方索取应收金额的权利。在我国，商业票据可背书转让，持票人可以对背书人、出票人以及票据的其他债务人行使追索权。一般来说，不确定性的负债称为或有负债。因此，转让应收票据而产生的被追索的不确定性也属于一种或有负债，但并不是所有应收票据的转让都会产生或有负债。在我国的会计实务中，仅就应收票据贴现而言，银行承兑汇票的贴现不会使企业被追索，企业也就不会因汇票贴现而发生或有负债；商业承兑汇票的贴现可能会使企业被追索，企业也就会因汇票贴现而发生或有负债。

业务资料

2008年1月7日，北京市中环电器公司销售给临海商贸有限公司“洁静”牌吸尘器20台，单价1 000元，收到承兑期为60天的银行承兑汇票。2008年3月7日收回票款。

相关岗位

往来会计、财产物资会计、财务成果会计、税务会计、出纳、总账报表会计、财务负责人等。

业务办理

（1）北京市中环电器公司往来会计收到临海商贸有限公司银行承兑汇票第二联（见表2－1）及销售部门开出的销售发票记账联（见表2－2）、商品出库单记账联（见表2－3）、收款收据记账联（见表2－4），进行审核。

表2－1　　　　　　　　　　　　银行承兑汇票

2　　汇票号码

出票日期（大写）　贰零零捌 年 零壹 月 零柒 日　　　　第　　号

<table>
<tr><td>出票人全称</td><td colspan="2">临海商贸有限公司</td><td rowspan="3">收款人</td><td>全　称</td><td colspan="2">北京市中环电器公司</td></tr>
<tr><td>出票人账号</td><td colspan="2">141400000000001</td><td>账　号</td><td colspan="2">81451058675081002</td></tr>
<tr><td>付款行全称</td><td>临海市商业银行</td><td>行号</td><td>开户银行</td><td>工行北京长安里支行</td><td>行号</td></tr>
<tr><td>出票金额</td><td colspan="3">人民币（大写）　贰万叁仟肆佰元整</td><td colspan="3">千 百 十 万 千 百 十 元 角 分
¥ 2 3 4 0 0 0 0</td></tr>
<tr><td>汇票到期日</td><td colspan="2">贰零零捌年零叁月零柒日</td><td colspan="2" rowspan="3">本汇票已经承兑，到期日由本行付款
临海商业银行 2008.1.7 办讫
承兑行签章
承兑日期　2008 年 1 月 7 日</td><td colspan="2">承兑协议编号</td></tr>
<tr><td colspan="3" rowspan="2">本汇票请你行承兑，此项汇票款我单位按承兑协议于到期日前足额交存你行，到期请予以支付
临海商贸有限公司 财务专用章
出票人签章
2008 年 1 月 7 日</td><td colspan="2">科目（借）
对方科目（贷）
转账　　年 月 日</td></tr>
<tr><td colspan="2">复核　　记账</td></tr>
<tr><td colspan="3"></td><td colspan="2">备注：</td><td colspan="2"></td></tr>
</table>

此联收款人开户行随委托收款凭证寄付款行作借方凭证附件

表 2-2

34567891　　北京增值税专用发票　　№　024542

此联不作报销、扣税凭证使用　　开票日期：2008 年 01 月 07 日

购货单位		密码区	
名　　称	临海商贸有限公司	803255265 -5 -56 <5	加密版本：01
纳税人识别号	370305987654321	34567/891 +/ +255 +	11000235215
地 址 、电 话	临海市工业路3号，2828888	95685126 + +/79 * 45	18358465
开户行及账号	临海市商业银行，141400000000001	1522 <5 +455 < > >125	

货物或应税劳务名称	规格型号	单位	数量	单价	金额	税率	税额
"洁静"牌吸尘器	X0011	台	20	1 000	20 000.00	17%	3 400.00
合计					¥20 000.00		¥3 400.00
价税合计（大写）	⊗贰万叁仟肆佰元整						（小写）¥23 400.00

销货单位		备注
名　　称	北京市中环电器公司	
纳税人识别号	110199514160154	
地 址 、电 话	北京市长安里888号，01084441666	
开户行及账号	工行北京长安里支行，81451058675081002	

收款人：刘洁　　复核：王秀芳　　开票人：杨志强　　销货单位：（章）

第一联：记账联

表 2-3

商品出库单

购货单位：临海商贸有限公司　　2008 年 1 月 7 日　　销字第 001 号

商品名称及规格	单位	数量
"洁静"牌吸尘器	台	20
合　计		20

主管人：张一笑　　会计：赵莉　　记账：李涛　　制单：王子明

第二联　会计记账

表 2-4

收　款　收　据

2008 年 1 月 7 日　　№1200000

收款单位	北京市中环电器公司	交款单位	临海商贸有限公司	金额								
				百	十	万	千	百	十	元	角	分
金额（大写）	人民币：贰万叁仟肆佰元整				¥	2	3	4	0	0	0	0
事由	货款			备注：银行承兑汇票								

会计主管：孙立　　收款人：刘洁　　制单：刘洁

第三联　记账联

（2）北京市中环电器公司往来会计将收到的临海商贸有限公司银行承兑汇票第二联复印，并将原件交付出纳登记“应收票据备查簿”，根据复印件及销售发票记账联、商品出库单记账联、收款收据记账联等填制记账凭证（见表2－5）。

表2－5

记 账 凭 证

2008 年 1 月 7 日

字第 1 号

摘要	科目		借方金额											贷方金额											√
	总账科目	明细科目	亿	千	百	十	万	千	百	十	元	角	分	亿	千	百	十	万	千	百	十	元	角	分	
出售吸尘器，收到银	应收票据	临海商贸					2	3	4	0	0	0	0												
行承兑汇票	主营业务收入																	2	0	0	0	0	0	0	
	应交税费	应交增值税（销项税额）																	3	4	0	0	0	0	
合计						¥	2	3	4	0	0	0	0				¥	2	3	4	0	0	0	0	

附件 4 张

会计主管：　　记账：　　出纳：　　复核：　　制单：吴静

（3）往来会计将记账凭证提交财务负责人稽核，并在“复核”处签名盖章。稽核后根据记账凭证登记“应收票据明细账”（见表2－6）。

表2－6

应收票据明细账

二级科目或明细科目：临海商贸有限公司

2008年		凭证		摘要	借方										贷方										借或贷	余额										√
月	日	种类	号数		千	百	十	万	千	百	十	元	角	分	千	百	十	万	千	百	十	元	角	分		千	百	十	万	千	百	十	元	角	分	
1	7	记	1	销售吸尘器				2	3	4	0	0	0	0											借				2	3	4	0	0	0	0	

（4）然后再将记账凭证传递给其他相关会计（如财产物资会计、财务成果会计、税务会计）岗位，由其登记其他明细账。

（5）应收票据到期收回。在提示付款期内，北京市中环电器公司填制委托收款凭证交由开户银行办理收款业务。北京市中环电器公司于2008年3月7日收回票款，收到银行转来的委托收款凭证第一联和第四联（见表2－7、表2－8）。

表 2－7　　　　　　　　　　　　　　　　　　　　　　　　　　　　第　　号

委邮　　**委托收款　凭证（回　单）**　　1　委托号码

委托日期　2008 年 03 月 07 日

付款人	全　称	临海商贸有限公司	收款人	全　称	北京市中环电器公司
	账号或地址	141400000000001		账　号	81451058675081002
	开户银行	临海市商业银行		开户银行	工行北京长安里支行　行号
委收金额	人民币（大写）	贰万叁仟肆佰元整		千百十万千百十元角分	¥ 2 3 4 0 0 0 0
款项内容	货款	委托收款凭据名称		附寄单证张数	
备注：		款项收妥日期　年　月　日		收款人开户银行盖章　月　日	

工行北京长安里支行
2008.3.7
办讫

此联收款人开户银行给收款人的回单

单位主管　　　　会计　　　　复核　　　　记账

表 2－8　　　　　　　　　　　　　　　　　　　　　　　　　　　　第　　号

委邮　　**委托收款　凭证（收账通知）**　　4　委托号码

委托日期　2008 年 03 月 07 日　　　　付款期限　　年　月　日

付款人	全　称	临海商贸有限公司	收款人	全　称	北京市中环电器公司
	账号或地址	141400000000001		账　号	81451058675081002
	开户银行	临海市商业银行		开户银行	工行北京长安里支行　行号
委收金额	人民币（大写）	贰万叁仟肆佰元整		千百十万千百十元角分	¥ 2 3 4 0 0 0 0
款项内容	货款	委托收款凭据名称		附寄单证张数	
备注：		上列款项 1. 已全部划回收入你方账户 2. 全部未收到			

工行北京长安里支行
2008.3.7
办讫

此联收款人开户银行在款项收妥后给收款人的收账通知

单位主管　　会计　　复核　　记账　　付款人开户银行收到日期　　年　　月　　日支付日期　　年　　月　　日

(6) 北京市中环电器公司往来会计将收到的临海商贸有限公司委托收款凭证第一联（回单）、第四联（收账通知），审核后填制记账凭证（见表2－9）。

表2－9

记 账 凭 证

2008年3月7日　　　　字第 2 号

摘　要	科　目		借方金额											贷方金额											√
	总账科目	明细科目	亿	千	百	十	万	千	百	十	元	角	分	亿	千	百	十	万	千	百	十	元	角	分	
收回银行承兑汇票款	银行存款						2	3	4	0	0	0	0												
	应收票据	临海商贸公司																2	3	4	0	0	0	0	
合　计						¥	2	3	4	0	0	0	0				¥	2	3	4	0	0	0	0	

附件 2 张

会计主管：　　记账：　　出纳：　　复核：　　制单：吴静

(7) 北京市中环电器公司往来会计将记账凭证提交财务负责人稽核、签字盖章，稽核后根据记账凭证登记"应收票据明细账"（见表2－10）。

表2－10

应收票据明细账

二级科目或明细科目：临海商贸有限公司

2008年		凭证		摘　要	借　方										贷　方										借或贷	余　额										√
月	日	种类	号数		千	百	十	万	千	百	十	元	角	分	千	百	十	万	千	百	十	元	角	分		千	百	十	万	千	百	十	元	角	分	
1	7	记	1	销售吸尘器				2	3	4	0	0	0	0											借				2	3	4	0	0	0	0	
3	7	记	2	收回票款														2	3	4	0	0	0	0	平								0			

(8) 然后再将记账凭证传递给其他相关会计（如财产物资会计、财务成果会计、税务会计）岗位，由其登记其他明细账。

业务指导

（1）“应收票据”账户核算企业因销售商品、产品、提供劳务而收到的商业汇票，包括银行承兑汇票和商业承兑汇票。它是资产类账户，借方登记收到的商业汇票；贷方登记汇票到期收回货款或转销（商业汇票到期对方无款支付要转为应收账款）；余额在借方，表示尚未到期兑现的商业汇票。

应收票据可按债务人名称设置明细账户进行明细核算。

企业应设置“应收票据备查簿”，由出纳人员逐笔记录每一应收票据的种类、号数和出票日期、票面金额、票面利率、交易合同和付款人、承兑人、背书人姓名或单位名称、到期日、背书转让日期、贴现日期、贴现率和贴现净额、未计提的利息，以及收款日期和收回金额、退票情况等资料。应收票据到期结清票款或退票后，应在“应收票据备查簿”内逐笔注销。

关于应收票据的计价：理论上说，应收票据的计价应按现值为基础，但在会计实务中，由于应收票据的期限一般不长，现值和面值的差异较小，因此，为了简化会计核算，按规定，企业收到的商业汇票一律以票据面值入账。

（2）应收票据到期日的确定。商业汇票的持票人在票据到期日可向承兑人收取票据款。商业汇票自承兑日起生效，其到期日是由票据有效期限的长短来决定的。在实务中，票据的期限一般有按月表示和按日表示两种。

票据期限按月表示时，票据的期限不考虑各月份实际天数多少，统一按次月到期日对应日期为整月计算。当签发承兑票据的日期为某月月末时，统一以到期月份的最后一日为到期日。如3月2日签发承兑的期限为6个月的商业汇票，其到期日为9月2日；1月31日签发承兑的期限为1个月、2个月、3个月和6个月的商业汇票，其到期日分别为2月28日（闰年为2月29日）、3月31日、4月30日和7月31日。票据期限按月表示时，带息票据的利息应按票面金额、票据期限（月数）和月利率计算。

票据期限按日表示时，票据的期限不考虑月数，统一按票据的实际天数计算。在票据签发承兑日和票据到期日这两天中，只计算其中的一天，即算头不算尾，算尾不算头。如3月2日签发承兑的期限为180天的商业汇票，其到期日为8月29日；1月31日（当年2月份为28天）签发承兑的期限为30天、60天、90天的商业汇票，其到期日分别为3月2日、4月1日、5月1日。票据期限按日表示时，带息票据的利息应按票面金额、票据期限（天数）和日利率计算。

上岗一试

2008 年 1 月 8 日，北京市中环电器公司销售给临海商贸有限公司“靓爽牌”电吹风。收到临海商贸有限公司银行承兑汇票。

要求：

(1) 分析北京市中环电器公司收到临海商贸有限公司承兑的银行承兑汇票的业务流程；

(2) 指出该公司在其业务流程中所产生的原始凭证；

(3) 根据相关的原始凭证判断往来核算会计岗位应作出的会计分录；

(4) 分析 (3) 中所涉及的会计内容，判断与往来核算会计岗位有关的会计账簿内容；

(5) 根据上述分析判断的结果，进行会计核算的实际操作（建议自己尝试着寻找相关会计资料进行相关的会计核算事宜)。

做中学

2008 年 1 月 9 日，北京市中环电器公司销售给临海商贸有限公司“靓爽牌”电吹风 30 个，单价 500 元，增值税率 17%。收到临海商贸有限公司承兑期为 90 天的银行承兑汇票一张，金额 17 550 元。(临海公司和中环电器公司的资料同前)

(1) 请你作为北京市中环电器公司往来会计填制表 2－11、表 2－12、表 2－13、表 2－14。

表 2－11

34567891　　　　北京增值税专用发票　　　　№　024542

此联不作报销、扣税凭证使用　　　　开票日期：　　年　月　日

（印章：全国统一发票监制章　北京　国家税务总局监制）

购货单位	名　　称： 纳税人识别号： 地 址 、电 话： 开户行及账号：	密码区	803255265－5－56＜5　　加密版本：01 34567/891＋/＋255＋　　11000235215 95685126＋＋/79＊45　　18358465 1522＜5＋455＜＞＞125

货物或应税劳务名称	规格型号	单位	数量	单价	金额	税率	税额
合计							
价税合计（大写）						（小写）	

销货单位	名　　称： 纳税人识别号： 地 址 、电 话： 开户行及账号：	备注	

收款人：　　　复核：　　　开票人：　　　销货单位：（章）

第一联：记账联

表 2－12

银行承兑汇票

2　　　汇票号码

出票日期（大写）　　年　月　日　　　第　　号

出票人全称			收款人	全　称		
出票人账号				账　号		
付款行全称		行号		开户银行		行号

出票金额	人民币（大写）	千	百	十	万	千	百	十	元	角	分

汇票到期日	本汇票已经承兑，到期日由本行付款 （印章：临海市商业银行 2008.1.9 办讫） 承兑行签章 承兑日期　　年　月　日 备注：	承兑协议编号
本汇票请你行承兑，此项汇票款我单位按承兑协议于到期日前足额交存你行，到期请予以支付 （印章：临海商贸有限公司 财务专用章） 出票人签章 年　月　日		科目（借） 对方科目（贷） 转账　　年 月 日 复核　　记账

此联收款人开户行随委托收款凭证寄付款行作借方凭证附件

表 2-13

商品出库单

购货单位： 年 月 日 销字第001号

商品名称及规格	单位	数量
合计		

第二联 会计记账

主管人： 会计： 记账： 制单：

表 2-14

收款收据

年 月 日 №1200000

<table>
<tr><td rowspan="2">收款单位</td><td rowspan="2"></td><td rowspan="2">交款单位</td><td rowspan="2"></td><td colspan="9">金额</td></tr>
<tr><td>百</td><td>十</td><td>万</td><td>千</td><td>百</td><td>十</td><td>元</td><td>角</td><td>分</td></tr>
<tr><td>金额
（大写）</td><td colspan="3">人民币：</td><td></td><td></td><td></td><td></td><td></td><td></td><td></td><td></td><td></td></tr>
<tr><td>事由</td><td colspan="3"></td><td colspan="9">备注：</td></tr>
</table>

第三联 记账联

会计主管： 收款人： 制单：

（2）北京市中环电器公司往来会计审核上列原始凭证并填制记账凭证（见表2-15）。

表 2-15

记 账 凭 证

年 月 日 字第 3 号

<table>
<tr><td rowspan="2">摘要</td><td colspan="2">科目</td><td colspan="11">借方金额</td><td colspan="11">贷方金额</td><td rowspan="2">√</td></tr>
<tr><td>总账科目</td><td>明细科目</td><td>亿</td><td>千</td><td>百</td><td>十</td><td>万</td><td>千</td><td>百</td><td>十</td><td>元</td><td>角</td><td>分</td><td>亿</td><td>千</td><td>百</td><td>十</td><td>万</td><td>千</td><td>百</td><td>十</td><td>元</td><td>角</td><td>分</td></tr>
<tr><td></td><td></td><td></td><td></td><td></td><td></td><td></td><td></td><td></td><td></td><td></td><td></td><td></td><td></td><td></td><td></td><td></td><td></td><td></td><td></td><td></td><td></td><td></td><td></td><td></td><td></td></tr>
<tr><td></td><td></td><td></td><td></td><td></td><td></td><td></td><td></td><td></td><td></td><td></td><td></td><td></td><td></td><td></td><td></td><td></td><td></td><td></td><td></td><td></td><td></td><td></td><td></td><td></td><td></td></tr>
<tr><td></td><td></td><td></td><td></td><td></td><td></td><td></td><td></td><td></td><td></td><td></td><td></td><td></td><td></td><td></td><td></td><td></td><td></td><td></td><td></td><td></td><td></td><td></td><td></td><td></td><td></td></tr>
<tr><td></td><td></td><td></td><td></td><td></td><td></td><td></td><td></td><td></td><td></td><td></td><td></td><td></td><td></td><td></td><td></td><td></td><td></td><td></td><td></td><td></td><td></td><td></td><td></td><td></td><td></td></tr>
<tr><td></td><td></td><td></td><td></td><td></td><td></td><td></td><td></td><td></td><td></td><td></td><td></td><td></td><td></td><td></td><td></td><td></td><td></td><td></td><td></td><td></td><td></td><td></td><td></td><td></td><td></td></tr>
<tr><td></td><td></td><td></td><td></td><td></td><td></td><td></td><td></td><td></td><td></td><td></td><td></td><td></td><td></td><td></td><td></td><td></td><td></td><td></td><td></td><td></td><td></td><td></td><td></td><td></td><td></td></tr>
<tr><td colspan="3">合计</td><td></td><td></td><td></td><td></td><td></td><td></td><td></td><td></td><td></td><td></td><td></td><td></td><td></td><td></td><td></td><td></td><td></td><td></td><td></td><td></td><td></td><td></td><td></td></tr>
</table>

附件 张

会计主管： 记账： 出纳： 复核： 制单：

（3）北京市中环电器公司往来会计将记账凭证提交财务负责人稽核，稽核后根据记账凭证登记"应收票据明细账"（见表2-16）。

表 2-16 明细账

二级科目或明细科目：

年		凭证		摘要	借方										贷方										借或贷	余额										√
月	日	种类	号数		千	百	十	万	千	百	十	元	角	分	千	百	十	万	千	百	十	元	角	分		千	百	十	万	千	百	十	元	角	分	

（4）然后再将记账凭证传递给其他相关会计（如财产物资会计、税务会计）岗位，由其登记其他明细账。

2.2 应付票据典型业务

相关知识

应付票据是指企业购买材料、商品和接受劳务供应等而开出、承兑的商业汇票，包括商业承兑汇票和银行承兑汇票。应付票据按是否计息，可分为带息票据和不带息票据，带息票据在票据上注明了利息率，票据到期时，不仅要支付票面金额，还要按票面利率支付利息；不带息票据到期只需支付票面金额。由于我国规定的应付票据的付款期比较短（最长为6个月），因此我国现行的应付票据一般为不带息票据。

应付票据的入账价值应分两种情况处理：不带息应付票据，应按票据面值计价入账；带息应付票据，企业开出承兑票据时按票据面值计价入账，期末计提的应付利息也应列为应付票据款计价入账。

业务资料

2008年1月7日，临海商贸有限公司从北京市中环电器公司购进“洁静牌”吸尘器20台，单价1 000元，交付承兑期为60天的银行承兑汇票。2008年3月7日支付票款。

相关岗位

往来会计、财产物资会计、税务会计、出纳、总账报表会计、财务负责人等。

业务办理

（1）临海商贸有限公司出纳办妥银行承兑汇票，往来会计收到银行承兑汇票第三联（见表2－17）、商品入库单记账联（见表2－18），及北京市中环电器公司销售部门开出的销售发票发票联（见表2－19）、抵扣联（见表2－20）、收款收据收据联（见表2－21），进行审核。

表2－17

银行承兑汇票（存根）

3　汇票号码

出票日期（大写）　贰零零捌 年 零壹 月 零柒 日　　第　号

出票人全称	临海商贸有限公司	收款人	全称	北京市中环电器公司	
出票人账号	141400000000001		账号	81451058675081002	
付款行全称	临海市商业银行	行号	开户银行	工行北京长安里支行	行号
出票金额	人民币（大写）贰万叁仟肆佰元整		千百十万千百十元角分	¥ 2 3 4 0 0 0 0	
汇票到期日	贰零零捌年零叁月零柒日		承兑协议编号		
		备注：			

此联出票人存根

表 2－18

商品入库单

字第 6701 号

2008 年 1 月 7 日

单位：元

发货地点			供应单位	北京市中环电器公司				备注		
库名	编号	名称	单位	规格	入库			单张据数	实收	
					数量	单价	金额		数量	金额
		吸尘器	台		20	1 000	20 000		20	20 000

送交财务会计

会计：李涛　　保管：×××　　采购员：××　　制单：×××

表 2－19

34567891

北京增值税专用发票

发 票 联

№ 024542

开票日期：2008 年 01 月 07 日

购货单位		密码区	
	名　　称：临海商贸有限公司 纳税人识别号：370305987654321 地 址 、电 话：临海市工业路 3 号，2828888 开户行及账号：临海市商业银行，141400000000001		803255265 －5 －56 <5 34567/891 +/ +255 + 95685126 + +/79 *45 1522 <5 +455 < > >125
			加密版本：01 1100023521 5 18358465

货物或应税劳务名称	规格型号	单位	数量	单价	金额	税率	税额
“洁静”牌吸尘器	X0011	台	20	1 000	20 000.00	17%	3 400.00
合计					￥20 000.00		￥3 400.00
价税合计（大写）	⊗贰万叁仟肆佰元整						（小写）￥23 400.00

销货单位		备注	
	名　　称：北京市中环电器公司 纳税人识别号：110199514160154 地 址 、电 话：北京市长安里 888 号，0108444666 开户行及账号：工行北京长安里支行，81451058675081002		北京市中环电器公司 税号：110199514160154 发票专用章

第二联：发票联

收款人：刘浩　　复核：王秀芳　　开票人：杨志强　　销货单位：（章）

表2－20

34567891

北京增值税专用发票　　№　024542

抵　扣　联

（印章：全国统一发票监制章　北京　国家税务总局监制）

开票日期：2008年01月07日

购货单位	名　　称：临海商贸有限公司 纳税人识别号：370305987654321 地址、电话：临海市工业路3号，2828888 开户行及账号：临海市商业银行，141400000000001	密码区	803255265－5－56＜5　加密版本：01 34567/891＋/＋255＋　1100023521 5 95685126＋＋/79＊45　18358465 1522＜5＋455＜＞＞125

货物或应税劳务名称	规格型号	单位	数量	单价	金额	税率	税额
“洁静”牌吸尘器	X0011	台	20	1 000	20 000.00	17%	3 400.00
合计					¥20 000.00		¥3 400.00
价税合计（大写）	⊗贰万叁仟肆佰元整					（小写）¥23 400.00	

销货单位	名　　称：北京市中环电器公司 纳税人识别号：110199514160154 地址、电话：北京市长安里888号，01084441666 开户行及账号：工行北京长安里支行，81451058675081002	备注	（印章：北京市中环电器公司　税号：110199514160154　发票专用章）

第三联：抵扣联

收款人：刘洁　　复核：王秀芳　　开票人：杨志强　　销货单位：（章）

表2－21

收　款　收　据

2008年1月7日　　№1200000

收款单位	北京市中环电器公司	交款单位	临海商贸有限公司	金额								
				百	十	万	千	百	十	元	角	分
金额（大写）	人民币：贰万叁仟肆佰元整				¥	2	3	4	0	0	0	0
事由	货款			备注：银行承兑汇票								

（印章：北京市中环电器公司　财务专用章）

第二联　收据联

会计主管：孙立　　收款人：刘洁　　制单：刘洁

（2）临海商贸有限公司往来会计根据收到的银行承兑汇票第三联、商品入库单记账联、北京市中环电器公司销售发票发票联、收款收据收据联等填制记账凭证（见表2－22）。

表 2－22

记 账 凭 证

2008 年 1 月 7 日

字第 4 号

摘要	科目		借方金额											贷方金额											√
	总账科目	明细科目	亿	千	百	十	万	千	百	十	元	角	分	亿	千	百	十	万	千	百	十	元	角	分	
购进吸尘器	库存商品						2	0	0	0	0	0	0												
	应交税费	应交增值税（进项税额）						3	4	0	0	0	0												
	应付票据	北京中环电器																2	3	4	0	0	0	0	
合计						¥	2	3	4	0	0	0	0				¥	2	3	4	0	0	0	0	

附件 4 张

会计主管： 记账： 出纳： 复核： 制单：李月

（3）往来会计将记账凭证提交财务负责人稽核，稽核后根据记账凭证登记“应付票据明细账”（见表 2－23）。

表 2－23

应付票据明细账

二级科目或明细科目：北京市中环电器公司

2008 年		凭证		摘要	借方										贷方										借或贷	余额										√
月	日	种类	号数		千	百	十	万	千	百	十	元	角	分	千	百	十	万	千	百	十	元	角	分		千	百	十	万	千	百	十	元	角	分	
1	7	记	4	开出银行承兑汇票														2	3	4	0	0	0	0	贷				2	3	4	0	0	0	0	

（4）然后再将记账凭证传递给其他相关会计岗位（如财产物资会计、税务会计），由其登记其他明细账。

（5）到期支付票款。临海商贸有限公司于 2008 年 3 月 7 日支付票款（见表 2－24）。

表 2－24　　　　　　　　　　　　　　　　　　　　　　　　　　　第　　号

委邮

委托收款 凭证（付款通知）　　5　　委托号码

委托日期　2008 年 03 月 07 日　　　　付款期限　　年　月　日

付款人	全称	临海商贸有限公司	收款人	全　称	北京市中环电器公司	
	账号或地址	141400000000001		账　号	81451058675081002	
	开户银行	临海市商业银行		开户银行	工行北京长安里支行	行号
委收金额	人民币（大写）	贰万叁仟肆佰元整			千 百 十 万 千 百 十 元 角 分	
					¥ 2 3 4 0 0 0 0	
款项内容	货款	委托收款凭据名称		附寄单证张数		
备注：		付款人注意 1. 应于见票当日通知开户银行划款。 2. 如需拒付，应在规定期限内，将拒付理由书并附债务证明退交开户银行。		临海市商业银行 2008.3.7 办讫		

此联付款人开户银行给付款人按期付款的通知

单位主管　　会计　　复核　　记账　　付款人开户银行盖章

（6）临海商贸有限公司往来会计将收到的委托收款凭证第五联（付款通知），审核后填制记账凭证（见表 2－25）。

表 2－25

记　账　凭　证

2008 年 3 月 7 日　　　　字第 5 号

摘要	总账科目	明细科目	借方 亿	千	百	十	万	千	百	十	元	角	分	贷方 亿	千	百	十	万	千	百	十	元	角	分	√
支付银行承	应付票据	北京中环电器					2	3	4	0	0	0	0												
兑汇票款	银行存款																	2	3	4	0	0	0	0	
合　计						¥	2	3	4	0	0	0	0				¥	2	3	4	0	0	0	0	

附件 1 张

会计主管：　　记账：　　出纳：　　复核：　　制单：李月

（7）临海商贸有限公司往来会计将记账凭证提交财务负责人稽核，稽核后根据记账凭证登记“应付票据明细账”（见表2－26）。

表2－26　　应付票据明细账

二级科目或明细科目：北京市中环电器公司

2008年		凭证		摘要	借方										贷方										借或贷	余额										√
月	日	种类	号数		千	百	十	万	千	百	十	元	角	分	千	百	十	万	千	百	十	元	角	分		千	百	十	万	千	百	十	元	角	分	
1	7	记	4	交付银行承兑汇票														2	3	4	0	0	0	0	贷				2	3	4	0	0	0	0	
3	7	记	5	支付承兑汇票款				2	3	4	0	0	0	0											平								0			

（8）然后再将记账凭证传递给出纳岗位，由其登记银行存款日记账。

业务指导

“应付票据”账户核算企业因购买材料、商品和接受劳务供应等而开出、承兑的商业汇票。它是负债类账户，贷方登记开出承兑的商业汇票；借方登记到期付款或转出的商业汇票（商业汇票到期无款支付，应转为应付账款）；余额在贷方，表示尚未到期的商业汇票。

企业对本账户应设置“应付票据备查簿”，详细登记每一应付票据的种类、号数、签发日期、到期日、票面金额、票面利率、合同交易号、收款人姓名或单位以及付款日期和金额等资料。应付票据到期结算时，应在备查簿内逐笔注销。

上岗一试

2008年1月9日，临海商贸有限公司从北京市中环电器公司购进“靓爽牌”

电吹风。交付北京市中环电器公司承兑期为90天的银行承兑汇票。

要求：

(1) 分析临海商贸有限公司交付北京市中环电器公司银行承兑汇票的业务流程；

(2) 指出该公司在其业务流程中所产生的原始凭证；

(3) 根据相关的原始凭证判断往来核算会计岗位应做出的会计分录；

(4) 分析 (3) 中所涉及的会计内容，判断与往来核算会计岗位有关的会计账簿内容；

(5) 根据上述分析判断的结果，进行会计核算的实际操作（建议自己尝试着寻找相关会计资料进行相关的会计核算事宜）。

做中学

2008年1月9日，临海商贸有限公司从北京市中环电器公司购进“靓爽牌”电吹风30个，单价500元，增值税率17%。交付北京市中环电器公司承兑期为90天的银行承兑汇票一张，金额17 550元。

(1) 请你作为北京市中环电器公司的财务人员填写表2-27、表2-28和表2-29。再作为临海商贸有限公司的财务人员填写表2-30和表2-31。

表 2－27

34567891

北京增值税专用发票

№　024542

发票联

全国统一发票监制章 北京 国家税务总局监制

开票日期：　年　月　日

购货单位	名　称： 纳税人识别号： 地 址 、电 话： 开户行及账号：	密码区	803255265－5－56＜5　加密版本：01 34567/891＋/＋255＋　1100023521 95685126＋＋/79＊45　18358465 1522＜5＋455＜＞＞125

货物或应税劳务名称	规格型号	单位	数量	单价	金额	税率	税额
合计							
价税合计（大写）						（小写）	

销货单位	名　称： 纳税人识别号： 地 址 、电 话： 开户行及账号：	备注	北京市中环电器公司 税号：110199514160154 发票专用章

收款人：　　复核：　　开票人：　　销货单位：（章）

第二联：发票联

表 2－28

34567891

北京增值税专用发票

№　024542

抵扣联

全国统一发票监制章 北京 国家税务总局监制

开票日期：　年　月　日

购货单位	名　称： 纳税人识别号： 地 址 、电 话： 开户行及账号：	密码区	803255265－5－56＜5　加密版本：01 34567/891＋/＋255＋　1100023521 95685126＋＋/79＊45　18358465 1522＜5＋455＜＞＞125

货物或应税劳务名称	规格型号	单位	数量	单价	金额	税率	税额
合计							
价税合计（大写）						（小写）	

销货单位	名　称： 纳税人识别号： 地 址 、电 话： 开户行及账号：	备注	北京市中环电器公司 税号：110199514160154 发票专用章

收款人：　　复核：　　开票人：　　销货单位：（章）

第三联：抵扣联

表 2－29

收 款 收 据

年 月 日 №1200000

收款单位		交款单位		金额								
				百	十	万	千	百	十	元	角	分
金额（大写）	人民币：											
事由				备注：								

第二联 收据联

北京市中环电器公司 财务专用章

会计主管： 收款人： 制单：

表 2－30

银行承兑汇票 （存根）

3 汇票号码

出票日期（大写） 年 月 日 第 号

出票人全称			收款人	全 称	
出票人账号				账 号	
付款行全称		行号		开户银行	行号

出票金额	人民币（大写）	千	百	十	万	千	百	十	元	角	分

汇票到期日		承兑协议编号	
	备注：		

此联出票人存根

表 2－31

入 库 单

字第 6701 号

年 月 日 单位：元

发货地点				供应单位			备注		
库名	编号	名称	单位	规格	入库			单张据数	实收	
					数量	单价	金额		数量	金额

送交财务会计

会计：××× 保管：××× 采购员：×× 制单：×××

（2）临海商贸有限公司往来会计审核上列原始凭证并填制记账凭证（见表 2－32）。

表 2－32

记 账 凭 证

年 月 日　　　　字第3号

摘要	科目		借方金额											贷方金额											√
	总账科目	明细科目	亿	千	百	十	万	千	百	十	元	角	分	亿	千	百	十	万	千	百	十	元	角	分	
合计																								

附件 张

会计主管：　　记账：　　出纳：　　复核：　　制单：

（3）临海商贸有限公司往来会计将记账凭证提交财务负责人稽核，稽核后根据记账凭证登记“应付票据明细账”（见表 2－33）。

表 2－33

明 细 账

二级科目或明细科目：

年		凭证		摘要	借方										贷方										借或贷	余额										√
月	日	种类	号数		千	百	十	万	千	百	十	元	角	分	千	百	十	万	千	百	十	元	角	分		千	百	十	万	千	百	十	元	角	分	

（4）然后再将记账凭证传递给出纳岗位，由其登记银行存款日记账。

2.3 应收票据贴现典型业务

相关知识

商业汇票是一种远期票据，在未到期前，不能从承兑人方面取得资金。但是，企业如果急需资金，可以按规定背书后向银行申请贴现。所谓贴现是指票据持有人在票据到期前，向银行贴付利息，把票据转让给银行，从而收取现款的行为。贴现时，银行按一定的贴现率从票据到期值中扣除贴现日到到期日的贴现息，余额付给企业。企业实际收到的款项称为贴现值。

业务资料

2008 年 1 月 27 日，北京市中环电器公司前收临海商贸有限公司面值为 23 400元的银行承兑汇票，原定承兑期为 60 天，现因采购材料急需资金，提前 40 天向银行申请贴现，贴现年利率为 12%。

相关岗位

往来会计、出纳、财务成果会计、总账报表会计、财务负责人等。

业务办理

（1）2008 年 1 月 27 日，北京市中环电器公司出纳办理银行承兑汇票贴现手

续，经银行审查同意，收到银行收账通知（见表2－34）。

表2－34　　　　**贴现凭证（收账通知）**　　　　4

申请日期 2008年1月27日　　　　第5号

贴现汇票	种类	银行承兑汇票	持票人	全称	北京市中环电器公司	
	出票日	2008年1月7日		账号	81451058675081002	
	到期日	2008年3月7日		开户银行	工行北京长安里支行	
汇票承兑人	名称	临海商贸有限公司	账号	141400000000001	开户银行	临海商业银行

项目	内容	千	百	十	万	千	百	十	元	角	分
汇票金额	人民币（大写）贰万叁仟肆佰元整			¥	2	3	4	0	0	0	0
贴现率 12%	贴现息						3	1	2	0	0
实付金额				¥	2	3	0	8	8	0	0

贴现款项已入你单位账户。	备注
工行北京长安里支行 2008.1.27 办讫 银行盖章 2008年1月27日	

此联是出票人开户银行交给出票人的回单

（2）北京市中环电器公司往来会计编制记账凭证如表2－35。

表2－35　　　　**记　账　凭　证**

2008年1月27日　　　　字第4号

摘要	总账科目	明细科目	借 亿	千	百	十	万	千	百	十	元	角	分	贷 亿	千	百	十	万	千	百	十	元	角	分	√
银行承兑汇票贴现	银行存款						2	3	0	8	8	0	0												
	财务费用								3	1	2	0	0												
	应收票据	临海商贸公司																2	3	4	0	0	0	0	
	合计					¥	2	3	4	0	0	0	0				¥	2	3	4	0	0	0	0	

附件 1 张

会计主管：　　记账：　　出纳：　　复核：　　制单：吴静

（3）北京市中环电器公司往来会计将记账凭证提交财务负责人稽核，稽核后根据记账凭证登记“应收票据明细账”（见表2－36）。

表2－36　　应收票据明细账

二级科目或明细科目：临海商贸有限公司

2008年		凭证		摘要	借方										贷方										借或贷	余额										√
月	日	种类	号数		千	百	十	万	千	百	十	元	角	分	千	百	十	万	千	百	十	元	角	分		千	百	十	万	千	百	十	元	角	分	
1	7	记	1	销售吸尘器				2	3	4	0	0	0	0											借				2	3	4	0	0	0	0	
1	27	记	4	收回贴现票款														2	3	4	0	0	0	0	平								0			

（4）北京市中环电器公司往来会计将记账凭证交出纳登记“银行存款日记账”，成本费用会计登记“财务费用明细账”。

业务指导

票据贴现息和贴现值的计算有以下四个步骤：

（1）计算应收票据的到期值：

不带息应收票据的到期值＝应收票据面值

带息应收票据的到期值＝应收票据面值＋到期利息

＝应收票据面值×（1＋票据年利率×票据期限）

（2）计算贴现天数：即未到期天数，从贴现日算至到期日，算头不算尾，或算尾不算头。

（3）计算贴现息：

贴现息＝票据到期值×日贴现率×贴现天数

（4）计算贴现值：

贴现值＝票据到期值－贴现息

如上例：票据贴现息＝23 400×12%÷360×40＝312（元）

贴现值＝23 400－312＝23 088（元）

上岗一试

2008年1月9日，北京市中环电器公司销售给临海商贸有限公司“靓爽牌”电吹风。收到商业承兑汇票，因资金紧张，向银行办理贴现，票款入账。

要求：

(1) 分析北京市中环电器公司商业承兑汇票贴现的业务流程；

(2) 指出该公司在其业务流程中所产生的原始凭证；

(3) 根据相关的原始凭证判断往来核算会计岗位应作出的会计分录；

(4) 分析 (3) 中所涉及的会计内容，判断与往来核算会计岗位有关的会计账簿内容；

(5) 根据上述分析判断的结果，进行会计核算的实际操作。

做中学

2008年1月9日，北京市中环电器公司销售给临海商贸有限公司“靓爽牌”电吹风30个，单价500元，增值税率17%。收到承兑期为90天的银行承兑汇票一张，金额17 550元。2008年1月29日因资金紧张，北京市中环电器公司出纳向银行办理贴现，贴现率为10%，票款入账。

(1) 请根据上述资料填制表2-37。

表 2-37　　　　**贴现凭证（收账通知）**　　　　4

申请日期　　年　月　日　　　　第5号

贴现汇票	种　类		持票人	全　称	
	出票日			账　号	
	到期日			开户银行	
汇票承兑人	名称		账号		开户银行
汇票金额	人民币（大写）				千 百 十 万 千 百 十 元 角 分
贴现率	%	贴现息	千 百 十 万 千 百 十 元 角 分	实付金额	千 百 十 万 千 百 十 元 角 分
贴现款项已入你单位账户。 工行北京长安里支行 2008.1.29 办讫 银行盖章 年　月　日				备注	

此联是出票人开户银行交给出票人的回单

（2）北京市中环电器公司往来会计审核上列原始凭证并填制记账凭证（见表2-38）。

表 2-38　　　　**记　账　凭　证**

年　月　日　　　　字第5号

摘　要	科　目		借方金额											贷方金额											√
	总账科目	明细科目	亿	千	百	十	万	千	百	十	元	角	分	亿	千	百	十	万	千	百	十	元	角	分	
合　计																									

附件　　张

会计主管：　　记账：　　出纳：　　复核：　　制单：

（3）北京市中环电器公司往来会计将记账凭证提交财务负责人稽核，稽核后根据记账凭证登记“应收票据明细账”（见表2－39）。

表2－39　　　　　　　　　　**明　细　账**

二级科目或明细科目：

年		凭证		摘　要	借　方										贷　方										借或贷	余　额										√
月	日	种类	号数		千	百	十	万	千	百	十	元	角	分	千	百	十	万	千	百	十	元	角	分		千	百	十	万	千	百	十	元	角	分	

（4）然后再将记账凭证传递给出纳岗位，由其登记银行存款日记账。

第3章

应收及应付账款典型业务

学习目标

- 了解应收账款、应付账款的核算内容
- 熟悉应收账款、应付账款的核算程序
- 掌握应收账款、应付账款的核算方法

3.1 应收账款典型业务

相关知识

应收账款是企业因对外销售商品、产品、提供劳务等主要经营业务而应向客户收取的款项，包括价款、增值税及代垫的各种运杂费。从应收账款的回收期来看，应收账款是指应在1年（可跨年度）内收回的短期债权。在资产负债表上，应收账款应列为流动资产项目。

从会计实务来看，企业的应收账款不包括各种非主要经营业务发生的应收款项，例如存出的保证金和押金、购货的预付订金、对职工或股东的预付款、预付分公司款、应收认股款、与企业的主要经营业务无关的应收款项、超过1年的应收分期销货款以及采用商业汇票结算方式销售商品的债权等，均不属于应收账款范围。

应收账款的确认，还要解决何时确认的问题，即应收账款的入账时间问题。由于应收账款的确认时间与收入的确认密切相关，因此应收账款应于收入实现时确认。

业务资料

2008年1月15日，北京市中环电器公司销售给临海科迪有限公司“洁静”牌吸尘器50台，单价1 000元，货款50 000元，税款8 500元，运杂费2 000元（由销货方承担）以转账支票（No8289611）支付。根据合同规定货款实行现金折扣，付款条件为：2/10，1/20，N/30。2008年1月23日，收到欠款。

相关岗位

往来会计、财产物资会计、财务成果会计、税务会计、出纳、总账报表会计、财务负责人等。

业务办理

（1）北京市中环电器公司往来会计收到出纳转来支票存根（见表3－1）、销售部门开出的销售发票记账联（见表3－2）、运输发票（见表3－3）、购销折让合同（见表3－4）、商品出库单记账联（见表3－5），进行审核。

表 3－1

北京市工商银行 转账支票存根
支票号码：No8289611
科目__________
对方科目__________
出票日期 2008 年 1 月 15 日
收款人：北京市运输公司
金额：￥2 000.00
用途：运费
单位主管　　会计

表 3－2

北京增值税专用发票

34567891　　　　　　　　　　№　024542

此联不作报销、扣税凭证使用　　　开票日期：2008 年 01 月 15 日

购货单位	名　　称：临海科迪有限公司 纳税人识别号：370305987654411 地 址 、电 话：临海市工业路 19 号，2823336 开户行及账号：临海市建设银行，64009003675575675			密码区	803255265－5－56＜5 34567/891＋/＋255＋ 95685126＋＋/79＊45 1522＜5＋455＜＞＞125		加密版本：01 11000235215 18358465
货物或应税劳务名称	规格型号	单位	数量	单价	金额	税率	税额
“洁静”牌吸尘器		台	50	1 000	50 000.00	17%	8 500.00
合计					￥50 000.00		￥8 500.00
价税合计（大写）	⊗伍万捌仟伍佰元整						（小写）￥58 500.00
销货单位	名　　称：北京市中环电器公司 纳税人识别号：110199514160154 地 址 、电 话：北京市长安里 888 号，01084444666 开户行及账号：工行北京长安里支行，81451058675081002			备注			

第一联：记账联

收款人：　　　复核：　　　开票人：　　　销货单位：（章）

表 3－3　　公路、内河货物运输业统一发票

备查号　　　　发票联　　　　发票代码：237030411133

开票日期 2008－1－15　　　　发票号码：00007434

机打代码 机打号码 机器编号	237030411222 00002345	税控码	
收货人及纳税人识别号	临海科迪有限公司 370305987654411	承运人及纳税人识别号	联运公司 110199800965337
发货人及纳税人识别号	北京市中环电器公司 110199514160154	主管税务机关及代码	
运输项目及金额	货物名称　数量　运费金额 吸尘器　50台　2 000	其他项目及金额	备注（手写无效） 北京中联运总公司 税号：110199800965337 发票专用章 单位盖章
运费小计	¥2 000.00	其他费用小计	
合计（大写）	贰仟元整		（小写）¥2 000.00
代开单位及代码	地税局 237030503	扣缴税额、税率完税凭证号码	

第二联 发票联 付款方记账凭证

开票人：丁大力

表 3－4　　购销折让合同

甲方：临海科迪有限公司　　　　乙方：北京市中环电器公司

甲方于2008年1月15日向乙方购买“洁静”牌吸尘器50台，单价1 000元，货款50 000元，税款8 500元。经双方商定，实行现金折扣，具体付款条件为：2/10，1/20，N/30。

以上条件，甲、乙双方共同遵守。

甲方：（临海科迪有限公司 合同专用章）　　　　乙方：（北京市中环电器公司 合同专用章）

表 3－5　　商品出库单

购货单位：临海科迪有限公司　　　　2008年1月15日　　　　销字第001号

商品名称及规格	单　位	数　量
“洁静”牌吸尘器	台	50
合计		50

第二联 会计记账

主管人：张一笑　　会计：赵莉　　记账：李涛　　制单：王子明

（2）北京市中环电器公司往来会计根据审核后的支票存根、销售部门开出的销售发票记账联、商品运输发票、购销折让合同复印件、商品出库单记账联等填制记账凭证（见表3-6）。

表3-6

记 账 凭 证

2008年1月15日　　　　字第6号

摘要	科目		借方金额											贷方金额											√
	总账科目	明细科目	亿	千	百	十	万	千	百	十	元	角	分	亿	千	百	十	万	千	百	十	元	角	分	
出售吸尘器，货款挂账	应收账款	临海科迪					5	8	5	0	0	0	0												
	主营业务收入																	5	0	0	0	0	0	0	
	应交税费	应交增值税（销项税额）																	8	5	0	0	0	0	
	销售费用							2	0	0	0	0	0												
	银行存款																		2	0	0	0	0	0	
合计						¥	6	0	5	0	0	0	0				¥	6	0	5	0	0	0	0	

附件5张

会计主管：　　记账：　　出纳：　　复核：　　制单：吴静

（3）往来会计将记账凭证提交财务负责人稽核，稽核后根据记账凭证登记"应收账款明细账"（见表3-7）。

表3-7

应收账款明细账

二级科目或明细科目：临海科迪有限公司

2008年		凭证		摘要	借方										贷方										借或贷	余额										√
月	日	种类	号数		千	百	十	万	千	百	十	元	角	分	千	百	十	万	千	百	十	元	角	分		千	百	十	万	千	百	十	元	角	分	
1	1			上年结转																					借				3	0	0	0	0	0	0	
1	15	记	6	销售吸尘器				5	8	5	0	0	0	0											借				8	8	5	0	0	0	0	

（4）然后再将记账凭证传递给其他相关会计（如出纳、财产物资会计、财务成果会计、税务会计）岗位，由其登记其他明细账。

（5）1月23日，北京市中环电器公司接银行通知，临海科迪有限公司货款收到（见表3-8）。

表 3-8　　　　**中国建设银行　电汇凭证**（收款通知）　　　　No：0289350

委托日期　2008 年 1 月 23 日　　　　第 2 号

汇款人	全　称	临海科迪有限公司		收款人	全　称	北京市中环电器公司
	账号或住址	64009003675575675			账号或住址	81451058675081002
	汇出地点	临海	汇出行名称：建设银行		汇入地点：北京	汇入行名称：工行北京长安里支行
金额	人民币（大写）	伍万柒仟叁佰叁拾元整			千百十万千百十元角分	¥ 5 7 3 3 0 0 0
汇款用途：偿还货款						
上列款项已根据委托办理，如需查询，请持此单来行面洽。 工行北京长安里支行 2008.1.23 办讫 （汇入银行盖章）			上列款项已照收无误 （收款人盖章）		科目（付） 对方科目 汇入行解汇日期 2008 年 1 月 23 日 复核　出纳　记账	

此联给收款人的收账通知

（6）北京市中环电器公司往来会计根据审核后的收款通知填制记账凭证（见表 3-9）。

表 3-9　　　　**记　账　凭　证**

2008 年 1 月 23 日　　　　字第 10 号

摘　要	科目		借方金额											贷方金额											√
	总账科目	明细科目	亿	千	百	十	万	千	百	十	元	角	分	亿	千	百	十	万	千	百	十	元	角	分	
收回吸尘器货款	银行存款						5	7	3	3	0	0	0												
	财务费用							1	1	7	0	0	0												
	应收账款	临海科迪公司																5	8	5	0	0	0	0	
合　计						¥	5	8	5	0	0	0	0				¥	5	8	5	0	0	0	0	

附件 1 张

会计主管：　　记账：　　出纳：　　复核：　　制单：吴静

（7）往来会计将记账凭证提交财务负责人稽核，稽核后根据记账凭证登记“应收账款明细账”（见表 3-10）。

表 3－10　　　　　　　　　　　　　　**应收账款明细账**

二级科目或明细科目：临海科迪有限公司

2008年		凭证		摘要	借方										贷方										借或贷	余额										√
月	日	种类	号数		千	百	十	万	千	百	十	元	角	分	千	百	十	万	千	百	十	元	角	分		千	百	十	万	千	百	十	元	角	分	
1	1			上年结转																					借				3	0	0	0	0	0	0	
1	15	记	6	销售吸尘器				5	8	5	0	0	0	0											借				8	8	5	0	0	0	0	
1	23	记	10	收回货款														5	8	5	0	0	0	0	借				3	0	0	0	0	0	0	

（8）然后再将记账凭证传递给出纳岗位，由其登记银行存款日记账。

业务指导

（1）“应收账款”账户核算企业因销售商品、产品、提供劳务等，应向购货单位或接受劳务单位收取的款项，包括应收的货款或劳务价款、应收的增值税销项税额、代垫的包装费、运杂费等。它是资产类账户，借方登记应收账款的增加；贷方登记应收账款的减少；余额在借方，表示尚未收回的应收账款。本账户按客户名称设置明细账。

（2）应收账款的计价及会计处理。

应收账款的计价就是确定应收账款的入账金额，并合理估计其可收回的金额。一般来说，应收账款应按买卖双方成交时的实际发生额入账。但企业为了增加销售，或为了及时回笼货款，在销售时往往实行折扣政策，会不同程度地影响应收账款的计价。下面分别说明商业折扣与现金折扣对应收账款入账金额的影响。

商业折扣和现金折扣是两种不同形式的折扣，其对应收账款入账金额的影响也不同。

①商业折扣。商业折扣是指对商品价目单所列的价格给予一定的折扣，实际上是对商品报价进行的折扣。一般来说，商业折扣可用百分比来表示，如5%、10%等，也可用金额表示，如100元、200元等，还可以按备份折扣形式表示，如顾客每支付100件商品、产品的货款，可以收到102件的货物，2件即为备份折扣，等等。销货企业提供商业折扣主要目的是为了增加销售量。商品报价并不是企业对某一具体客户的应收款项，不能将其计入应收客户款。只有业务发生时

的成交价才能以应收客户款入账。也就是说，企业发生销货、提供劳务等主要经营业务行为时，商业报价扣除商业折扣以后的实际成交价格才是应收账款的入账金额。由此可知，商业折扣对会计核算不产生任何影响。

②现金折扣。现金折扣是指销货企业为了鼓励客户在一定期间内早日偿还货款，对销售价格所给予的一定比率的扣减。现金折扣对于销货企业来说，称为销货折扣，对于购货企业来说，则称为购货折扣。现金折扣通常表达为：2/10，1/20，n/30。这些符号的含义分别为10天内付款给予2%的折扣，20天内付款给予1%的折扣，30天为信用期，30天内付款无折扣。现金折扣使得企业应收账款的实收数额，在规定的付款期限内，随着顾客付款时间的推延而增加，因而对会计核算产生影响。

上岗一试

北京市中环电器公司销售给临海科迪有限公司“靓爽牌”电吹风。货款挂账。根据合同规定货款实行现金折扣，付款条件为：2/10，1/20，N/30。

要求：

（1）分析北京市中环电器公司赊销的业务流程；

（2）指出该公司在其业务流程中所产生的原始凭证；

（3）根据相关的原始凭证判断往来核算会计岗位应作出的会计分录；

（4）分析（3）中所涉及的会计内容，判断与往来核算会计岗位有关的会计账簿内容；

（5）根据上述分析判断的结果，进行会计核算的实际操作（建议自己尝试着寻找相关会计资料进行相关的会计核算事宜）。

做中学

2008年1月18日，北京市中环电器公司销售给临海科迪有限公司“靓爽牌”电吹风40个，单价500元，增值税率17%。货款挂账。根据合同规定货款实行现金折扣，付款条件为：2/10，1/20，N/30。

(1) 根据以上资料填制表3－11、表3－12、表3－13。

表3－11

北京增值税专用发票

34567891　　　　发票联　　　　№ 024542

此联不作报销、扣税凭证使用　　　　开票日期：　年　月　日

购货单位	名　　称： 纳税人识别号： 地 址 、电 话： 开户行及账号：	密码区	803255265－5－56＜5　加密版本：01 34567/891＋/＋255＋　11000235215 95685126＋＋/79＊45　18358465 1522＜5＋455＜＞＞125

货物或应税劳务名称	规格型号	单位	数量	单价	金额	税率	税额
合计							
价税合计（大写）						(小写)	

销货单位	名　　称： 纳税人识别号： 地 址 、电 话： 开户行及账号：	备注	

收款人：　　复核：　　开票人：　　销货单位：（章）

第一联：记账联

表3－12

购销折让合同

临海科迪有限公司 合同专用章　　北京市中环电器公司 合同专用章

甲方：　　　　乙方：

表3－13

商品出库单

购货单位：　　　　年　月　日　　　　销　字第001号

商品名称及规格	单位	数量
合　　计		

主管人：　　会计：　　记账：　　制单：

第二联　会计记账

（2）北京市中环电器公司往来会计根据审核后的销售部门开出的销售发票记账联、商品出库单记账联等填制记账凭证（见表3－14）。

表3－14 **记 账 凭 证**

年 月 日 字第10号

摘要	科目		借方金额											贷方金额											√
	总账科目	明细科目	亿	千	百	十	万	千	百	十	元	角	分	亿	千	百	十	万	千	百	十	元	角	分	
合计																									

附件 张

会计主管： 记账： 出纳： 复核： 制单：

（3）往来会计将记账凭证提交财务负责人稽核，稽核后根据记账凭证登记“应收账款明细账”（见表3－15）。

表3－15 **应收账款明细账**

二级科目或明细科目：

年		凭证		摘要	借方										贷方										借或贷	余额										√
月	日	种类	号数		千	百	十	万	千	百	十	元	角	分	千	百	十	万	千	百	十	元	角	分		千	百	十	万	千	百	十	元	角	分	

（4）然后再将记账凭证传递给其他相关会计（如出纳、财产物资会计、财务成果会计、税务会计）岗位，由其登记其他明细账。

3.2 应付账款典型业务

相关知识

应付账款是指企业因购买材料、商品、或接受劳务供应等经营活动应支付给供应者的款项。应付账款广泛存在于企业日常经营活动中，是在购销活动中取得货物与支付货款的时间不一致而产生的。

（1）应付账款的入账时间。

应付账款入账时间的确认，一般应在与所购货物所有权的相关的主要风险和报酬已经转移或购买的劳务已经接受时确认。在实际工作中为了加强对财产物资的管理，应区别不同的情况进行处理：①在货物和发票账单同时到达的情况下，应付账款一般在货物验收入库后，再按发票账单所列金额登记入账；②在货物已经到达入库而发票账单未到的情况下，应付账款可暂不入账，等月份内收到发票账单后再进行账务处理；如果月末仍未收到发票账单，应按估计价格或计划价格暂估入账，下月初用红字冲销，待收到发票账单时再进行处理。

（2）应付账款的入账价值。

应付账款是在购销活动中取得货物与支付货款的时间不一致而产生的，往往在短期内就需付款，因此，应付账款一般按发票所记载的应付金额入账，而不按到期应付金额的现值入账。如有现金折扣条件的，按我国现行会计制度规定应按总价法进行处理，即：首先按发票上所记载的未扣除折扣前的金额入账；待实际发生折扣时，再将折扣金额冲减当期财务费用。

业务资料

2008年1月15日，临海科迪有限公司从北京市中环电器公司购进“洁静牌”吸尘器50台，单价1 000元，货款50 000元，税款8 500元。根据合同规定货款实行现金折扣，付款条件为：2/10，1/20，N/30。2008年1月23日支付货款。

相关岗位

往来会计、财产物资会计、税务会计、出纳、总账报表会计、财务负责人等。

业务办理

（1）临海科迪有限公司往来会计收到北京市中环电器公司销售发票发票联（见表3－16）、销售发票抵扣联（见表3－17）、购销折让合同（见表3－18）、商品入库单记账联（见表3－19），进行审核。

表3－16

34567891　　北京增值税专用发票　　№ 024542

发票联

（印章：全国统一发票监制章 北京 国家税务总局监制）

开票日期：2008年01月15日

购货单位	名称：临海科迪有限公司 纳税人识别号：370305987654411 地址、电话：临海市工业路19号，2823336 开户行及账号：临海市建设银行，640090036755575675			密码区	803255265－5－56＜5 34567/891＋/＋255＋ 95685126＋＋/79＊45 1522＜5＋455＜＞＞125	加密版本：01 11000235215 18358465	
货物或应税劳务名称	规格型号	单位	数量	单价	金额	税率	税额
"洁静牌"吸尘器	X0011	台	50	1 000	50 000.00	17%	8 500.00
合计					50 000.00		8 500.00
价税合计（大写）	⊗伍万捌仟伍佰元整					（小写）¥58 500.00	
销货单位	名称：北京市中环电器公司 纳税人识别号：110199514160154 地址、电话：北京市长安里888号，0108444666 开户行及账号：工行北京长安里支行，81451058675081002			备注	（印章：北京市中环电器公司 税号：110199514160154 发票专用章）		

第二联：发票联

收款人：刘洁　　复核：王秀芳　　开票人：杨志强　　销货单位：（章）

表 3－17

北京增值税专用发票

34567891

抵 扣 联

全国统一发票监制章 国家税务总局监制

№ 024542

开票日期：2008 年 01 月 15 日

购货单位	名　　称：临海科迪有限公司 纳税人识别号：370305987654411 地址、电话：临海市工业路 19 号，2823336 开户行及账号：临海市建设银行，64009003675575675			密码区	803255265 －5 －56 <5 34567/891 + / +255 + 95685126 + + /79 * 45 1522 <5 +455 < > >125		加密版本：01 11000235215 18358465
货物或应税劳务名称	规格型号	单位	数量	单价	金额	税率	税额
“洁静牌”吸尘器	X0011	台	50	1 000	50 000.00	17%	8 500.00
合计					¥50 000.00		¥8 500.00
价税合计（大写）	⊗伍万捌仟伍佰元整						（小写）¥58 500.00
销货单位	名　　称：北京市中环电器公司 纳税人识别号：110199514160154 地址、电话：北京市长安里 888 号，01084444666 开户行及账号：工行北京长安里支行，81451058675081002			备注	北京市中环电器公司 税号：110199514160154 发票专用章		

第三联：抵扣联

收款人：刘洁　　复核：王秀芳　　开票人：杨志强　　销货单位：（章）

表 3－18

购销折让合同

甲方：临海科迪有限公司　　　　乙方：北京市中环电器公司

甲方于 2008 年 1 月 15 日向乙方购买“洁静”牌吸尘器 50 台，单价 1 000 元，货款 50 000 元，税率 17%。经双方商定，实行现金折扣，具体付款条件为：2/10，1/20，N/30。

以上条件，甲、乙双方共同遵守。

甲方：（临海科迪有限公司 合同专用章）　　　　乙方：（北京市中环电器公司 合同专用章）

表 3－19

商品入库单

字第 6701 号

2008 年 1 月 15 日

单位：元

发货地点			供应单位	北京市中环电器公司			备注		
库名	编号	名称	单位	规格	入库			单张据数	实收	
					数量	单价	金额		数量	金额
		吸尘器	台		50	1 000	50 000		50	50 000

送交财务会计

会计：李涛　　保管：×××　　采购员：××　　制单：×××

（2）临海科迪有限公司往来会计根据审核后的销售发票发票联、商品入库单记账联等填制记账凭证（见表 3－20）。

表 3－20

记 账 凭 证

2008 年 1 月 15 日　　　　字第 12 号

摘要	科目		借方金额											贷方金额											√
	总账科目	明细科目	亿	千	百	十	万	千	百	十	元	角	分	亿	千	百	十	万	千	百	十	元	角	分	
购进吸尘器	库存商品						5	0	0	0	0	0	0												
	应交税费	应交增值税（销项税额）						8	5	0	0	0	0												
	应付账款	北京中环电器																5	8	5	0	0	0	0	
合计						¥	5	8	5	0	0	0	0				¥	5	8	5	0	0	0	0	

附件 3 张

会计主管：　　记账：　　出纳：　　复核：　　制单：耿霞

（3）往来会计将记账凭证提交财务负责人稽核，稽核后根据记账凭证登记“应付账款明细账”（见表 3－21）。

表 3－21

应付账款明细账

二级科目或明细科目：北京市中环电器公司

2008年		凭证		摘要	借方										贷方										借或贷	余额										√
月	日	种类	号数		千	百	十	万	千	百	十	元	角	分	千	百	十	万	千	百	十	元	角	分		千	百	十	万	千	百	十	元	角	分	
1	1			上年结转																					贷				3	0	0	0	0	0	0	
1	15	记	12	购进货物款未付														5	8	5	0	0	0	0	贷				8	8	5	0	0	0	0	

（4）然后再将记账凭证传递给其他相关会计（如财产物资会计、税务会计）岗位，由其登记其他明细账。

（5）2008 年 1 月 23 日，支付票款（见表 3－22）。

表 3－22　　中国建设银行　**电汇凭证**（回单）　　No：0289350

委托日期　2008 年 1 月 23 日　　第 2 号

汇款人	全　称	临海科迪有限公司		收款人	全　称	北京市中环电器公司	
	账号或住址	64009003675575675			账号或住址	81451058675081002	
	汇出地点	临海	汇出行名称 建设银行		汇入地点	北京	汇入行名称 工行北京长安里支行
金额	人民币（大写）	伍万柒仟叁佰叁拾元整				千 百 十 万 千 百 十 元 角 分	¥ 5 7 3 3 0 0 0

汇款用途：偿还货款 上列款项已根据委托办理，如需查询，请持此单来行面洽。 建设银行临海支行 2008.1.23 办讫 （汇出银行盖章）	上列款项已照收无误 （收款人盖章）	科目（付）________ 对方科目________ 汇入行解汇日期 2008 年 1 月 23 日 复核　　出纳　　记账

此联给付款人的回单

（6）往来会计根据审核后的电汇凭证回单填制记账凭证（见表 3－23）。

表 3－23　　**记　账　凭　证**

2008 年 1 月 23 日　　字第 13 号

摘　要	总账科目	明细科目	借·亿	借·千	借·百	借·十	借·万	借·千	借·百	借·十	借·元	借·角	借·分	贷·亿	贷·千	贷·百	贷·十	贷·万	贷·千	贷·百	贷·十	贷·元	贷·角	贷·分	√
支付吸尘器货款	应付账款	北京中环公司					5	8	5	0	0	0	0												
	财务费用																		1	1	7	0	0	0	
	银行存款																	5	7	3	3	0	0	0	
合　计						¥	5	8	5	0	0	0	0				¥	5	8	5	0	0	0	0	

附件 1 张

会计主管：　　记账：　　出纳：　　复核：　　制单：耿霞

（7）往来会计将记账凭证提交财务负责人稽核，稽核后根据记账凭证登记“应付账款明细账”（见表 3－24）。

表 3－24　　应付账款明细账

二级科目或明细科目：北京市中环电器公司

2008年		凭证		摘要	借方										贷方										借或贷	余额										√
月	日	种类	号数		千	百	十	万	千	百	十	元	角	分	千	百	十	万	千	百	十	元	角	分		千	百	十	万	千	百	十	元	角	分	
1	1			上年结转																					贷				3	0	0	0	0	0	0	
1	15	记	12	购进货物款未付														5	8	5	0	0	0	0	贷				8	8	5	0	0	0	0	
1	23	记	13	支付货款				5	8	5	0	0	0	0											贷				3	0	0	0	0	0	0	

（8）然后再将记账凭证传递给出纳岗位，由其登记银行存款日记账。

业务指导

“应付账款”账户核算企业因购买材料、商品和接受劳务供应等而应付给供应单位的款项。它是负债类账户，贷方登记因购买材料、商品和接受劳务供应而发生的应付未付的款项；借方登记偿付或抵付应付款项；余额在贷方，表示尚未偿还的应付账款的结余额。

本账户按供应单位设明细账。

上岗一试

临海科迪有限公司从北京市中环电器公司购进“靓爽牌”电吹风。货款挂账。根据合同规定货款实行现金折扣，付款条件为：2/10，1/20，N/30。

要求：

（1）分析临海科迪有限公司赊购的业务流程；

（2）指出该公司在其业务流程中所产生的原始凭证；

（3）根据相关的原始凭证判断往来核算会计岗位应做出的会计分录；

（4）分析（3）中所涉及的会计内容，判断与往来核算会计岗位有关的会计账簿内容；

（5）根据上述分析判断的结果，进行会计核算的实际操作（建议自己尝试着寻找相关会计资料进行相关的会计核算事宜）。

做中学

2008 年 1 月 18 日，临海科迪有限公司从北京市中环电器公司购进“靓爽牌”电吹风 40 个，单价 500 元，增值税率 17%。货款挂账。根据合同规定货款实行现金折扣，付款条件为：2/10，1/20，N/30。

（1）根据以上资料填制表 3－25、表 3－26、表 3－27、表 3－28。

表 3－25

北京增值税专用发票

34567891

（全国统一发票监制章 北京 国家税务总局监制）发票联

№ 024542

开票日期： 年 月 日

购货单位	名称： 纳税人识别号： 地址、电话： 开户行及账号：	密码区	803255265－5－56＜5 34567/891＋/＋255＋ 95685126＋＋/79＊45 1522＜5＋455＜＞＞125	加密版本：01 11000235215 18358465			
货物或应税劳务名称	规格型号	单位	数量	单价	金额	税率	税额
合计							
价税合计（大写）						（小写）	
销货单位	名称： 纳税人识别号： 地址、电话： 开户行及账号：	备注	北京市中环电器公司 税号：110199514160154 发票专用章				

收款人： 复核： 开票人： 销货单位：（章）

第二联：发票联

表 3－26

北京增值税专用发票

34567891 　　　　抵扣联　　　　№ 024542

（印章：全国统一发票监制章 北京 国家税务总局监制）

开票日期：　　年　月　日

购货单位	名称： 纳税人识别号： 地址、电话： 开户行及账号：	密码区	803255265－5－56<5 34567/891＋/＋255＋ 95685126＋＋/79＊45 1522<5＋455<>>125	加密版本：01 11000235215 18358465

货物或应税劳务名称	规格型号	单位	数量	单价	金额	税率	税额
合计							
价税合计（大写）					（小写）		

销货单位	名称： 纳税人识别号： 地址、电话： 开户行及账号：	备注	（印章：北京市中环电器公司 税号：110199514160154 发票专用章）

第三联：抵扣联

收款人：　　复核：　　开票人：　　销货单位：（章）

表 3－27

购销折让合同

甲方：（印章：临海科迪有限公司 合同专用章）	乙方：（印章：北京市中环电器公司 合同专用章）

表 3－28

商品入库单

字第 6701 号

年　月　日

单位：元

发货地点				供应单位			备注		
库名	编号	名称	单位	规格	入库			单张据数	实收	
					数量	单价	金额		数量	金额

送交财务会计

会计：李涛　　保管：×××　　采购员：××　　制单：×××

（2）临海科迪有限公司往来会计根据审核后的上述原始凭证填制记账凭证（见表3-29）。

表3-29

记　账　凭　证

年　月　日　　　　字第14号

摘要	科目		借方金额											贷方金额											√
	总账科目	明细科目	亿	千	百	十	万	千	百	十	元	角	分	亿	千	百	十	万	千	百	十	元	角	分	
合计																									

附件　张

会计主管：　　记账：　　出纳：　　复核：　　制单：

（3）往来会计将记账凭证提交财务负责人稽核，稽核后根据记账凭证登记“应付账款明细账”（见表3-30）。

表3-30

应付账款明细账

二级科目或明细科目：

年		凭证		摘要	借方										贷方										借或贷	余额										√
月	日	种类	号数		千	百	十	万	千	百	十	元	角	分	千	百	十	万	千	百	十	元	角	分		千	百	十	万	千	百	十	元	角	分	

（4）然后再将记账凭证传递给其他相关会计（如财产物资会计、税务会计）岗位，由其登记其他明细账。

3.3 坏账损失典型业务

相关知识

企业的应收账款和其他应收款可能由于种种原因而不能收回，这些不能收回的账款称为坏账，由于坏账而发生的损失称为坏账损失。

核算坏账的方法有两种，一是直接转销法，二是备抵法。

(1) 直接转销法。直接转销法是在实际发生坏账时，直接冲销应收款项，并确认坏账损失。

(2) 备抵法。备抵法是根据收入和费用配比的原则，按期估计坏账损失，计入当期费用，同时建立坏账准备，在实际发生坏账时，冲销已提的坏账准备和相应的应收账款的会计方法。

业务资料

北京市中环电器公司采用应收账款余额百分比法计提坏账准备，2006 年末应收账款余额为 8 000 000 元，坏账准备的提取比例为 4‰。2007 年发生坏账损失 40 000 元，该年末应收账款余额为 9 800 000 元。2008 年发生坏账损失 30 000 元，上年已冲销的应收账款中有 20 000 元本年度又收回。该年度末应收账款余额为 6 000 000 元。假设坏账准备账户在 2006 年初余额为 0。

相关岗位

往来会计、财产物资会计、财务成果会计、总账报表会计、财务负责人等。

业务办理

根据上述情况，计算结果及会计分录说明如下：

（1）2006 年应提坏账准备 = 8 000 000 × 4‰ = 32 000（元）

借：资产减值损失　　32 000

　　贷：坏账准备　　32 000

2007 年发生坏账损失时，应作如下的会计分录：

借：坏账准备　　40 000

　　贷：应收账款　　40 000

（2）2007 年年末计提坏账准备前坏账准备账户的余额 = 32 000 − 40 000 = −8 000（元）

坏账准备的余额应为贷方：9 800 000 × 4‰ = 39 200（元）

则 2007 年应提坏账准备 = 39 200 + 8 000 = 47 200（元）（贷方）

借：资产减值损失　　47 200

　　贷：坏账准备　　47 200

（3）2008 年临海科迪有限公司破产（见表 3 − 31）。

表 3 − 31　　破产宣告裁定书

债务人：临海科迪有限公司

营业地点：临海市工业路 19 号　法定代表人：黄达，董事长

对上述债务人的 2008 年（破）字第 56 号破产申请，法院作出以下裁定：

债务人为破产人。

理由：自债权人宏达化工有限公司提起破产申请以来，经本院查明债务人全部资产收入为 31 360 000 元，而受理破产申请时负债总额已有 53 560 000 元，已不能清偿，现债务人负债总额已增至 53 610 000 元。本院受理本案后，经债务人上级主管部门临海市化工集团公司申请整顿，债务人与债权人会议已于 2008 年 3 月 20 日达成和解协议。但在整顿期间，债务人财务状况继续恶化，债权人会议重新申请终结整顿宣告债务人破产。本院确认债权人会议申请理由充分，适用《中华人民共和国企业破产法》第 21 条和 23 条的规定，作出如上裁定。

同时，对本案件，依照企业破产法第 24 条、第 22 条、第 9 条和第 14 条的规定，决定如下：

一、成立破产清算组，该机构负责人王三。

二、重新申报债权，债权申报日期定为 2008 年 5 月 31 日至 2008 年 8 月 30 日；地点为本庭。

三、破产宣告后首次债权会议日期定为 2008 年 4 月 5 日；地点为本庭。

四、债权调查日期定为 2008 年 4 月 5 日至 2008 年 4 月 30 日。

临海市环山区人民法院

临海市环山区人民法院孙楼庭（章）

审判员：刘六　孙大

（4）经查核该公司至2008年9月30日欠款累计30 000元，列为坏账损失。填制记账凭证（见表3－32）。

表3－32　　记　账　凭　证

2008年9月30日　　字第15号

摘　要	科　目		借方金额											贷方金额											√
	总账科目	明细科目	亿	千	百	十	万	千	百	十	元	角	分	亿	千	百	十	万	千	百	十	元	角	分	
发生坏账损失	坏账准备						3	0	0	0	0	0	0												
	应收账款	临海科迪公司																3	0	0	0	0	0	0	
合　计						¥	3	0	0	0	0	0	0				¥	3	0	0	0	0	0	0	

附件 1 张

会计主管：　　记账：　　出纳：　　复核：　　制单：吴静

（5）往来会计将记账凭证提交财务负责人稽核，稽核后根据记账凭证登记“应收账款明细账”（见表3－33）。

表3－33　　应收账款明细账

二级科目或明细科目：临海科迪有限公司

2008年		凭证		摘　要	借　方										贷　方										借或贷	余　额										√
月	日	种类	号数		千	百	十	万	千	百	十	元	角	分	千	百	十	万	千	百	十	元	角	分		千	百	十	万	千	百	十	元	角	分	
1	1			上年结转																					借				3	0	0	0	0	0	0	
1	15	记	6	销售吸尘器				5	8	5	0	0	0	0											借				8	8	5	0	0	0	0	
1	23	记	10	收回货款														5	8	5	0	0	0	0	借				3	0	0	0	0	0	0	
9	30	记	15	发生坏账														3	0	0	0	0	0	0	平								0			

（6）2008年12月1日收回已冲销的应收账款时，应作如下会计分录：

借：应收账款　　20 000

　　贷：坏账准备　　20 000

借：银行存款　　20 000

　　贷：应收账款　　20 000

（7）2008年年末计提坏账准备（见表3－34）。

表 3－34　　**坏账准备计提表**

2008 年 12 月 31 日　　单位：元

项　　目	账面余额	计提比例	应提准备数	账面已提数	应补提（或冲减）数
应收账款	6 000 000	4‰	24 000	29 200	－5 200
合　　计	6 000 000	4‰	24 000	29 200	－5 200

会计主管：　　制表

2008 年年末计提坏账准备前坏账准备的余额＝－8 000＋47 200－30 000＋20 000＝29 200（元）

坏账准备的余额应为贷方：6 000 000×4‰＝24 000（元）

则应冲销坏账准备＝29 200－24 000＝5 200（元）

即 2008 年应提坏账准备－5 200 元。

借：坏账准备　　5 200

　　贷：资产减值损失　　5 200

（8）往来会计将记账凭证提交财务负责人稽核，稽核后根据记账凭证登记“坏账准备明细账”（见表 3－35）。

表 3－35　　**坏账准备明细账**

二级科目或明细科目：

2008年		凭证		摘要	借方										贷方										借或贷	余额										√
月	日	种类	号数		千	百	十	万	千	百	十	元	角	分	千	百	十	万	千	百	十	元	角	分		千	百	十	万	千	百	十	元	角	分	
1	1			上年结转																					贷				3	9	2	0	0	0	0	
9	30	记		发生坏账				3	0	0	0	0	0	0											贷					9	2	0	0	0	0	
12	1	记		收回坏账														2	0	0	0	0	0	0	贷				2	9	2	0	0	0	0	
12	31	记		计提坏账					5	2	0	0	0	0											贷				2	4	0	0	0	0	0	

业务指导

备抵法是根据收入和费用配比的原则，按期估计坏账损失，计入当期费用，同时建立坏账准备，在实际发生坏账时，冲销已提的坏账准备和相应的应收账款的会计方法。

采用备抵法核算坏账，每期估计的坏账损失直接计入当期损益，既体现了稳健性原则，又符合收入和费用的配比要求。在资产负债表上可以反映应收账款的净额，使报表使用者能够了解企业应收账款的可收回净额，同时在利润表上避免了因应收账款价值虚列而造成的利润虚增，避免了企业明盈实亏。我国现行会计准则规定企业应采用备抵法核算应收账款的坏账。

在备抵法下，企业应设置“坏账准备”账户。该账户是应收账款的抵减调整账户。按期估计坏账损失时，借记“资产减值损失——计提的坏账准备”账户，贷记“坏账准备”账户；实际发生坏账时，借记“坏账准备”账户，贷记“应收账款”账户。在资产负债表上，应收账款项目按其账户余额减去应提取的坏账准备后的净额反映。

上岗一试

2009 年 3 月 8 日，北京市中环电器公司收到临海科迪有限公司归还的前欠坏账款 15 000 元。

要求：

（1）分析北京市中环电器公司收到临海科迪有限公司归还的前欠坏账款的业务流程；

（2）指出该公司在其业务流程中所产生的原始凭证；

（3）根据相关的原始凭证判断往来核算会计岗位应做出的会计分录；

（4）分析（3）中所涉及的会计内容，判断与往来核算会计岗位有关的会计账簿内容；

（5）根据上述分析判断的结果，进行会计核算的实际操作（建议自己尝试着寻找相关会计资料进行相关的会计核算事宜）。

做中学

2009 年 3 月 8 日，北京市中环电器公司收到临海科迪有限公司归还的前欠坏账款15 000元。根据银行收账通知，编制记账凭证并登记明细账，见表 3－36、表 3－37、表 3－38。

表 3－36

记 账 凭 证

年 月 日　　　　字第16号

摘要	科目		借方金额											贷方金额											√
	总账科目	明细科目	亿	千	百	十	万	千	百	十	元	角	分	亿	千	百	十	万	千	百	十	元	角	分	
	合计																								

附件 张

会计主管：　　记账：　　出纳：　　复核：　　制单：

表 3－37

明 细 账

二级科目或明细科目：

年		凭证		摘要	借方										贷方										借或贷	余额										√
月	日	种类	号数		千	百	十	万	千	百	十	元	角	分	千	百	十	万	千	百	十	元	角	分		千	百	十	万	千	百	十	元	角	分	

表 3－38

明 细 账

二级科目或明细科目：

年		凭证		摘要	借方										贷方										借或贷	余额										√
月	日	种类	号数		千	百	十	万	千	百	十	元	角	分	千	百	十	万	千	百	十	元	角	分		千	百	十	万	千	百	十	元	角	分	

第4章 4

预付及预收账款典型业务

学习目标

- 了解预付账款、预收账款的核算内容
- 熟悉预付账款、预收账款的核算程序
- 掌握预付账款、预收账款的核算方法

4.1 预付账款典型业务

相关知识

预付账款是指企业按照购货合同规定，预先支付给供应单位的货款。在会计实务中，预付账款业务不多时，可以通过“应付账款”账户核算预付账款业务，企业的应付账款业务不多时，也可通过“预付账款”账户核算应付账款业务。需要指出的是，为了便于反映企业对客户的债权债务关系，对同一客户发生购货往来业务，只通过“应付账款”或只通过“预付账款”账户核算。会计期末，“应付账款”账户和“预付账款”账户所属的明细账户中，有的可能是借方余额，有的可能是贷方余额，其中借方余额合计，列示于资产负债表流动资产项下的预付账款项目；贷方余额合计，列示于资产负债表流动负债项下的应付账款项目。

业务资料

2008年1月15日，北京市中环电器公司从临海电机制造公司购进电动机150台，单价450元，增值税率17%。根据供销合同规定采用预付货款方式结算货款，于发货前预付货款2万元，其余货款于收货后20天结清。

相关岗位

往来会计、财产物资会计、财务成果会计、税务会计、出纳、总账报表会计、财务负责人等。

业务办理

（1）北京市中环电器公司出纳办理预付货款时取得汇款凭证（见表4-1）。

表 4-1

工商银行　信汇凭证（回单）1

委托日期　2008 年 1 月 15 日　　　　　　第　号

汇款人	全　称	北京市中环电器公司	收款人	全　称	临海电机制造公司										
	账　号	81451058675081002		账　号	1240000000046										
	汇出地点	北京　省　市/县		汇入地点	临海　市/县										
汇出行名称		工行北京长安里支行	汇入行名称		工行临海支行										
金额	人民币（大写）	贰万元整			亿	千	百	十	万	千	百	十	元	角	分
								¥	2	0	0	0	0	0	0
汇款用途：　如需加急，请在括号内注明（　）			支付密码												
工行北京长安里支行 2008.1.15 办讫　汇出行签章			附加信息及用途：　复核：　记账：												

此联汇出行给汇款人的回单

（2）北京市中环电器公司往来会计根据汇款凭证填制记账凭证（见表 4-2）。

表 4-2

记　账　凭　证

2008 年 1 月 15 日　　　　　　字第 17 号

摘　要	科目		借方金额											贷方金额											√
	总账科目	明细科目	亿	千	百	十	万	千	百	十	元	角	分	亿	千	百	十	万	千	百	十	元	角	分	
预付材料款	预付账款	临海电机公司					2	0	0	0	0	0	0												
	银行存款																	2	0	0	0	0	0	0	
合　计						¥	2	0	0	0	0	0	0				¥	2	0	0	0	0	0	0	

附件 1 张

会计主管：　　记账：　　出纳：　　复核：　　制单：吴静

（3）北京市中环电器公司往来会计将记账凭证提交财务负责人稽核后根据记账凭证登记“预付账款明细账”（见表 4-3）。

表 4－3　　预付账款明细账

二级科目或明细科目：临海电机制造公司

2008年		凭证		摘要	借方										贷方										借或贷	余额									
月	日	种类	号数		千	百	十	万	千	百	十	元	角	分	千	百	十	万	千	百	十	元	角	分		千	百	十	万	千	百	十	元	角	分
1	15	记	17	预付电机款				2	0	0	0	0	0	0											借				2	0	0	0	0	0	0

（4）往来会计将记账凭证传递给出纳岗位，由其登记“银行存款日记账”。

（5）2008 年 1 月 25 日，北京市中环电器公司收到材料时，财产物资会计编制会计分录如下：

借：原材料　　67 500

　　应交税费——应交增值税（进项税额）　　11 475

　　贷：预付账款——临海电机制造公司　　78 975

（6）2008 年 2 月 15 日，北京市中环电器公司补付材料款 58 975 元。

借：预付账款——临海电机制造公司　　58 975

　　贷：银行存款　　58 975

（7）往来会计根据记账凭证（会计分录）登记“预付账款明细账”（见表 4－4）。

表 4－4　　预付账款明细账

二级科目或明细科目：临海电机制造公司

2008年		凭证		摘要	借方										贷方										借或贷	余额									
月	日	种类	号数		千	百	十	万	千	百	十	元	角	分	千	百	十	万	千	百	十	元	角	分		千	百	十	万	千	百	十	元	角	分
1	15	记	17	预付电机款				2	0	0	0	0	0	0											借				2	0	0	0	0	0	0
1	25	记		材料入库														7	8	9	7	5	0	0	贷				5	8	9	7	5	0	0
2	15	记		补付材料款				5	8	9	7	5	0	0											平								0		

业务指导

“预付账款”账户核算企业因购买材料、商品或接受劳务按购货合同规定预付给供应单位的款项。它是资产类账户，借方登记预付或补付给供应单位的款项；贷方登记所购材料、商品或接受劳务的金额及退回多付的款项；余额在借方，表示实际预付的款项，如果出现贷方余额，则表示尚未补付的款项。本账户按供应单位设明细账。

上岗一试

北京市中环电器公司从临海电机制造公司购进离心式风机。根据供销合同规定采用预付货款方式结算货款，于发货前预付货款20%，其余货款于收货后10天结清。

要求：

（1）分析北京市中环电器公司预付临海电机制造公司账款的业务流程；

（2）指出该公司在其业务流程中所产生的原始凭证；

（3）根据相关的原始凭证判断往来核算会计岗位应做出的会计分录；

（4）分析（3）中所涉及的会计内容，判断与往来核算会计岗位有关的会计账簿内容；

（5）根据上述分析判断的结果，进行会计核算的实际操作（建议自己尝试着寻找相关会计资料进行相关的会计核算事宜）。

做中学

2008年1月20日，北京市中环电器公司从临海电机制造公司购进离心式风机100台，单价250元，增值税率17%。根据供销合同规定采用预付货款方式结算货款，于发货前预付货款20%，其余货款于收货后10天结清。

（1）北京市中环电器公司根据出纳交回的汇款凭证回单进行审核，编制记账凭证。（见表4－5、表4－6）。

表4－5

工商银行　信汇凭证（回单）　1

委托日期　　年　月　日　　　　　　　　第　号

汇款人	全　称		收款人	全　称	
	账　号			账　号	
	汇出地点	省　市/县		汇入地点	市/县
汇出行名称			汇入行名称		
金额	人民币（大写）				亿 千 百 十 万 千 百 十 元 角 分
汇款用途：　如需加急，请在括号内注明（　）			支付密码		
汇出行签章			附加信息及用途：　复核：　记账：		

工行北京长安里支行
2008.1.20
办讫

此联汇出行给汇款人的回单

表4－6

记　账　凭　证

年　月　日　　　　　　字第18号

摘　要	科　目		借方金额											贷方金额											√
	总账科目	明细科目	亿	千	百	十	万	千	百	十	元	角	分	亿	千	百	十	万	千	百	十	元	角	分	
合　计																									

附件　张

会计主管：　记账：　出纳：　复核：　制单：

（2）北京市中环电器公司往来会计将记账凭证提交财务负责人稽核后根据记账凭证登记"预付账款明细账"（见表4－7）。

表 4－7　　　　　　　　　　　　　　明　细　账

二级科目或明细科目：

年		凭证		摘要	借方										贷方										借或贷	余额										√
月	日	种类	号数		千	百	十	万	千	百	十	元	角	分	千	百	十	万	千	百	十	元	角	分		千	百	十	万	千	百	十	元	角	分	

(3) 往来会计将记账凭证传递给出纳岗位，由其登记“银行存款日记账”。

4.2　预收账款典型业务

相关知识

预收账款是企业按照合同或协议规定预先向购货单位收取的款项。由于在收取款项时企业并未交给购货方货物或提供劳务，因此形成企业的一项负债，这项负债将在以后用商品或劳务偿付。

业务资料

2008 年 1 月 15 日，临海电机制造公司销售给北京市中环电器公司电动机 150 台，单价 450 元，增值税率 17%。根据供销合同规定采用预付货款方式结算货款，于发货前预收货款 2 万元，其余货款于收货后 20 天结清。

相关岗位

往来会计、财产物资会计、财务成果会计、税务会计、出纳、总账报表会计、财务负责人等。

业务办理

（1）临海电机制造公司出纳取得收款凭证（见表4－8）。

表4－8　　工商银行　信汇凭证（收账通知或取款收据）　4　　第　号

委托日期　2008年1月15日　　应解汇款编号

汇款人	全称	北京市中环电器公司	收款人	全称	临海电机制造公司
	账号	81451058675081002		账号	1240000000046
	汇出地点	北京　省　市/县		汇入地点	临海　市/县
汇出行名称		工行北京长安里支行	汇入行名称		工行临海支行
金额	人民币（大写）	贰万元整	亿 千 百 十 万 千 百 十 元 角 分		¥ 2 0 0 0 0 0 0
汇款用途：		如需加急，请在括号内注明（　）	支付密码		
工行临海支行 2008.1.15 办讫			附加信息及用途：		
		汇入行签章	复核：		记账：

此联给收款人收账通知或代取款收据

（2）临海电机制造公司往来会计根据汇款凭证填制记账凭证（见表4－9）。

表4－9　　记 账 凭 证

2008年1月15日　　字第19号

摘要	科目		借方金额											贷方金额											√
	总账科目	明细科目	亿	千	百	十	万	千	百	十	元	角	分	亿	千	百	十	万	千	百	十	元	角	分	
收到电机预付款	银行存款						2	0	0	0	0	0	0												
	预收账款	北京中环电器																2	0	0	0	0	0	0	
合计						¥	2	0	0	0	0	0	0				¥	2	0	0	0	0	0	0	

附件1张

会计主管：　　记账：　　出纳：　　复核：　　制单：吴静

（3）临海电机制造公司往来会计将记账凭证提交财务负责人稽核后根据记账凭证登记“预收账款明细账”（见表4－10）。

表4－10　　预收账款明细账

二级科目或明细科目：北京市中环电器公司

2008年		凭证		摘要	借方										贷方										借或贷	余额										√
月	日	种类	号数		千	百	十	万	千	百	十	元	角	分	千	百	十	万	千	百	十	元	角	分		千	百	十	万	千	百	十	元	角	分	
1	15	记	19	预收电机款														2	0	0	0	0	0	0	贷				2	0	0	0	0	0	0	

（4）往来会计将记账凭证传递给出纳岗位，由其登记“银行存款日记账”。

业务指导

“预收账款”核算企业按照合同规定向购货单位预收的款项。它是负债类账户，贷方登记收到的预收款项；借方登记销售实现时清偿的预收款项及退回多收的款项；余额在贷方，为收到的预收款项，在借方，则为购货单位应补付的款项，形成应收账款。在预收账款业务不多的企业，可以不设本账户，而将预收账款放在“应收账款”账户进行核算。在这种情况下，“应收账款”账户既核算债权，又核算债务，成为债权债务结算账户。其余额可能在借方，为尚未收回的应收账款；余额如在贷方，则为尚未清偿的预收账款。这类账户，会计上称之为混合账户，又称两性账户。

该账户应按债权人设置明细账进行明细核算。

上岗一试

临海电机制造公司销售给北京市中环电器公司离心式风机，根据供销合同规定采用预收货款方式结算货款，于发货前预收货款20%，其余货款于收货后10天结清。

要求：

（1）分析临海电机制造公司预收账款的业务流程；

（2）指出该公司在其业务流程中所产生的原始凭证；

（3）根据相关的原始凭证判断往来核算会计岗位应做出的会计分录；

（4）分析（3）中所涉及的会计内容，判断与往来核算会计岗位有关的会计账簿内容；

（5）根据上述分析判断的结果，进行会计核算的实际操作（建议自己尝试着寻找相关会计资料进行相关的会计核算事宜）。

做中学

2008年1月20日，临海电机制造公司销售给北京市中环电器公司离心式风机100台，单价250元，增值税率17%。根据供销合同规定采用预收货款方式结算货款，于发货前预收货款20%，其余货款于收货后10天结清。

（1）临海电机制造公司根据出纳交回的汇款凭证入账通知进行审核，编制记账凭证（见表4-11、表4-12）。

表 4－11

工商银行　信汇凭证（收账通知或取款收据）　4　　　　第　号

委托日期　　年　月　日　　　　应解汇款编号

汇款人	全　称		收款人	全　称	
	账　号			账　号	
	汇出地点	省　市/县		汇入地点	市/县
汇出行名称			汇入行名称		
金额	人民币（大写）				亿 千 百 十 万 千 百 十 元 角 分
汇款用途：　如需加急，请在括号内注明（　）			支付密码		
工行临海支行 2008.1.20 办讫 汇入行签章			附加信息及用途： 复核：　记账：		

此联给收款人收账通知或代取款收据

表 4－12

记　账　凭　证

年　月　日　　　　字第 20 号

摘　要	科　目		借方金额											贷方金额											√
	总账科目	明细科目	亿	千	百	十	万	千	百	十	元	角	分	亿	千	百	十	万	千	百	十	元	角	分	
合　计																									

附件　张

会计主管：　　记账：　　出纳：　　复核：　　制单：

（2）临海电机制造公司往来会计将记账凭证提交财务负责人稽核后根据记账凭证登记“预收账款明细账”（见表 4－13）。

表 4－13 **明细账**

二级科目或明细科目：

年		凭证		摘要	借方										贷方										借或贷	余额										√
月	日	种类	号数		千	百	十	万	千	百	十	元	角	分	千	百	十	万	千	百	十	元	角	分		千	百	十	万	千	百	十	元	角	分	

（3）往来会计将记账凭证传递给出纳岗位，由其登记“银行存款日记账”。

第5章 5

其他往来典型业务

学习目标

- 了解其他应收款、其他应付款的核算内容
- 熟悉其他应收款、其他应付款的核算程序
- 掌握其他应收款、其他应付款的核算方法

5.1 其他应收款典型业务

相关知识

其他应收款是指应收票据、应收账款、预付账款、应收股利和应收利息以外的各种应收、暂付款项，包括各种应收赔款、存出保证金、备用金、应收包装物租金、应收的各种罚款，应向职工收取的各种垫付款项等。

企业应设置“其他应收款”账户对其他应收款的收付业务进行核算。“其他应收款”账户核算企业除存出保证金、买入返售金融资产、应收票据、应收账款、预付账款、应收股利、应收利息、长期应收款等以外的其他各种应收及暂付款项。它是资产类账户，借方登记其他应收款项的增加；贷方登记其他应收款项的减少；余额在借方，表示尚未收回的其他应收款项。

本账户可按对方单位（或个人）进行明细核算。并应按其他应收款的项目分类以及债务人进行明细核算。“其他应收款”账户核算的其他应收及暂付款主要包括：

（1）应收的各种赔款、罚款。

（2）应收出租包装物租金。

（3）应向职工收取的各种垫付款项。

（4）备用金。

（5）存出保证金（如租入包装物支付的押金）。

（6）预付账款转入（已不符合预付账款性质而由预付账款转入的部分）。

（7）其他各种应收、暂付款项。

企业发生的拨出用于投资、购买物资的各种款项，在尚未进行投资或购买物资之前，属于企业的其他货币资金，该类款项应通过“其他货币资金”账户进行核算，不属于其他应收款的范围。

业务资料

2008年1月24日，北京市中环电器公司向临海华星电机公司采购材料一批，借用包装木箱20个，支付押金1 000元，以转账支票支付。2008年2月10日，归还包装木箱，收回押金。

相关岗位

往来会计、出纳、总账报表会计、财务负责人等。

业务办理

（1）北京市中环电器公司出纳审核押金凭证（见表5－1、表5－2），支付银行存款。

表5－1

北京市工商银行 转账支票存根
支票号码：№8289625
科目＿＿＿＿＿＿＿
对方科目＿＿＿＿＿＿＿
出票日期 2008年1月24日
收款人：临海华星电机公司
金额：￥1000.00
用途：押金
单位主管　会计

表5－2

收　款　收　据

2008年1月24日　　　　№1202222

收款单位	临海华星电机公司	交款单位	北京市中环电器公司	百	十	万	千	百	十	元	角	分
金额（大写）	人民币：壹仟元整					￥	1	0	0	0	0	0
事由				备注：押金								

（印章：临海华星电机公司 财务专用章）

第二联 收据联

会计主管：孙晓红　　收款人：　　制单：李丹

（2）北京市中环电器公司往来会计根据审核后的付款凭证编制记账凭证（见表5－3）。

表 5 – 3

记 账 凭 证

2008年1月24日　　　　字第21号

摘要	科目		借方金额											贷方金额											√
	总账科目	明细科目	亿	千	百	十	万	千	百	十	元	角	分	亿	千	百	十	万	千	百	十	元	角	分	
支付包装木箱押金	其他应收款	临海华星公司						1	0	0	0	0	0												
	银行存款																		1	0	0	0	0	0	
合计							¥	1	0	0	0	0	0					¥	1	0	0	0	0	0	

附件 2 张

会计主管：　　记账：　　出纳：刘洁　　复核：　　制单：吴静

（3）北京市中环电器公司往来会计将记账凭证提交财务负责人稽核，稽核后根据记账凭证登记“其他应收款明细账”（见表5－4）。

表 5 – 4

其他应收款明细账

二级科目或明细科目：临海华星电机公司

2008年		凭证		摘要	借方										贷方										借或贷	余额										√
月	日	种类	号数		千	百	十	万	千	百	十	元	角	分	千	百	十	万	千	百	十	元	角	分		千	百	十	万	千	百	十	元	角	分	
1	24	记	21	支付木箱押金					1	0	0	0	0	0											借					1	0	0	0	0	0	

（4）往来会计将记账凭证传递给出纳岗位，由其登记“银行存款日记账”。

（5）2008年2月10日，归还包装木箱，收回押金（见表5－5、表5－6）。

表 5－5 **北京市工商银行 进账单**（收账通知） 3 № 89723452

2008 年 2 月 10 日 第 138 号

付款人	全 称	临海华星电机公司	收款人	全 称	北京市中环电器公司
	账 号	141400000000005		账 号	81451058675081002
	开户银行	临海市商业银行		开户银行	工行北京长安里支行

人民币（大写）	千	百	十	万	千	百	十	元	角	分
壹仟元整				¥	1	0	0	0	0	0

票据种类	
票据张数	
单位主管 会计 复核 记账	工行北京长安里支行 2008.2.10 办讫 收款单位开户行盖章

此联是收款单位交给收款人的收账通知

表 5－6 **收 款 收 据**

2008 年 2 月 10 日 №1200000

收款单位	北京市中环电器公司	交款单位	临海华星电机公司	金额								
				百	十	万	千	百	十	元	角	分
金额（大写）	人民币：壹仟元整					¥	1	0	0	0	0	0
事由	收回押金			备注：转账支票								

第二联 记账联

会计主管：孙立 收款人：刘洁 制单：刘洁

（6）往来会计根据审核后的收款凭证等编制记账凭证（见表 5－7）。

表 5－7 **记 账 凭 证**

2008 年 2 月 10 日 字第 22 号

摘要	科目		借方金额											贷方金额											√
	总账科目	明细科目	亿	千	百	十	万	千	百	十	元	角	分	亿	千	百	十	万	千	百	十	元	角	分	
收回木箱押金	银行存款							1	0	0	0	0	0												
	其他应收款	临海华星公司																	1	0	0	0	0	0	
合 计							¥	1	0	0	0	0	0					¥	1	0	0	0	0	0	

附件 2 张

会计主管： 记账： 出纳：刘洁 复核： 制单：吴静

(7) 北京市中环电器公司往来会计将记账凭证提交财务负责人稽核，稽核后根据记账凭证登记“其他应收款明细账”（见表5－8）。

表5－8　　其他应收款明细账

二级科目或明细科目：临海华星电机公司

2008年		凭证		摘要	借方										贷方										借或贷	余额										√
月	日	种类	号数		千	百	十	万	千	百	十	元	角	分	千	百	十	万	千	百	十	元	角	分		千	百	十	万	千	百	十	元	角	分	
1	24	记	21	支付木箱押金					1	0	0	0	0	0											借					1	0	0	0	0	0	
2	10	记	22	收回押金															1	0	0	0	0	0	平								0			

(8) 北京市中环电器公司出纳登记“银行存款日记账”。

业务指导

在其他应收款业务中，特别需要指出的是备用金的核算。企业因业务经营关系，往往需要一定数额的备用金。备用金是指企业内部各车间、部门、职能科室等周转使用的货币资金，主要包括预付给科室、车间及非独立核算的经营单位等用于日常开支的款项。会计核算上，企业应以“其他应收款”账户核算备用金业务，并设置“备用金”明细账户进行明细核算。如果企业发生的备用金业务较多，也可以单独设置“备用金”账户进行核算。无论备用金通过“其他应收款——备用金”账户核算，还是通过“备用金”账户进行核算，都应按用款单位详细记录反映备用金的具体情况。

根据备用金的预付方式不同，备用金分为定额备用金和非定额备用金两种。不同形式的备用金其会计处理方法也不一样。

定额备用金是指用款单位按定额持有的备用金。其具体方法是，根据用款单位的实际需要，核定备用金定额，由财会部门按定额将备用金支付给用款部门，借记“其他应收款——备用金”账户，贷记“银行存款”、“库存现金”账户。待用款部门实际支用后，经财会部门审核后，凭有效单据报账领款，以补足用款单位定额备用金。这种方法便于企业对备用金的使用进行控制，一般适用于具有经常性费用开支的内部用款单位。由于用款单位报销领款后，备用金数额仍按定额持有，所以报销费用时，视同货币资金支付费用处理，借记“管理费用”等账户，贷记“银行存款”、“库存现金”账户。在用款单位不再需要备用金时，才将备用金退回，借记“库存现金”等账户，贷记“其他应收款——备用金”账户。

非定额备用金是指用款单位不按固定定额持有的备用金。其一般做法是，根据实际需要，由财会部门预付用款单位一定时期的备用金数额，用款单位支用备用金后，向财会部门报账核销。备用金支用完毕，再根据需要，由财会部门拨付下一时期的备用金。这种方法手续简单，但不便于对备用金的使用进行控制，一般适用于非经常性开支的用款单位。由于用款单位报账核销时，财会部门并不以货币资金补充其备用金，而是作为债权的收回处理，因此，用款单位报销费用时，应借记“管理费用”等账户，贷记“其他应收款——备用金”账户。

企业发生的其他应收款业务，同企业的应收账款业务一样，存在不可收回的可能性。为了正确反映企业其他应收款的可收回金额，并正确核算企业损益，对发生的其他应收款也应合理估计其坏账，并计提坏账准备。估计其他应收款坏账主要采用余额百分比法或账龄分析法。对其他应收款估计坏账、计提坏账准备、核销坏账、坏账收回的方法与应收账款相同，这里不再赘述。

需要说明的是，为了在资产负债表上分别列示应收账款和其他应收款的可收回净额，并在资产减值准备明细表上分别反映应收账款和其他应收款计提、转回及保留的坏账准备，“坏账准备”账户也应按计提的范围（应收账款、其他应收款）进行明细核算。

做中学

北京市中环电器公司采用定额备用金方式核定办公室备用金定额为2 000元，2008年1月7日以现金支付，2008年1月28日，办公室报销管理费用1 800元，以现金补足备用金。

（1）北京市中环电器公司出纳审核付款凭证（见表5-9），支付现金。

表 5-9 **借　款　单**

2008年1月7日　　字第18号

部　门	办公室	借款理由	备用金
借款人	张黎明		
借款金额	贰仟元整	核准借款金额	人民币（大写）贰仟元整
审批意见：同意借支　万平 1.7		归还方式：凭有效单据报账领款	

主管：孙立　会计：吴静　出纳：刘洁　借款人：张黎明

（2）北京市中环电器公司往来会计根据审核后的借款凭证等编制记账凭证（见表5-10）。

表 5-10 **记　账　凭　证**

年　月　日　　字第23号

摘　要	科　目		借方金额											贷方金额											√
	总账科目	明细科目	亿	千	百	十	万	千	百	十	元	角	分	亿	千	百	十	万	千	百	十	元	角	分	
	合　计																								

附件　张

会计主管：　记账：　出纳：　复核：　制单：

（3）北京市中环电器公司往来会计将记账凭证提交财务负责人稽核，稽核后根据记账凭证登记"其他应收款明细账"（见表5-11）。

表 5-11 **其他应收款明细账**

二级科目或明细科目：

年		凭证		摘　要	借　方										贷　方										借或贷	余　额										√
月	日	种类	号数		千	百	十	万	千	百	十	元	角	分	千	百	十	万	千	百	十	元	角	分		千	百	十	万	千	百	十	元	角	分	

（4）办公室张黎明报销管理费用 1 800 元，出纳以现金补足备用金（见表 5－12、表 5－13）。

表 5－12　　行政事业单位收款收据

2008 年 1 月 13 日　　№1200000

收款单位	临海市培训学校	交款单位	北京市中环电器公司	金额								
				百	十	万	千	百	十	元	角	分
金额（大写）	人民币壹仟贰佰元整					¥	1	2	0	0	0	0
事由	管理培训费			备注：								

第二联　收据联

临海市培训学校 财务专用章

会计主管：王明　　收款人：丁凡　　制单：张青

表 5－13　　北京市幼儿园、托儿所收费专用收据

2008 年 1 月 22 日　　No. 0789123

儿童姓名		儿童年龄	
收费项目	金额		
管理费	600	其中：父母双方单位报销数	备注
代办费			
保育费			
伙食费			
杂费			
合计	¥600		
人民币大写：陆佰元整			

第三联　儿童父亲单位

现金付讫

临海市实验幼儿园 财务专用章

负责人：　　经手人：

（5）北京市中环电器公司成本费用会计根据审核后的付款凭证等编制会计分录如下：

借：管理费用　　1 800

　　贷：库存现金　　1 800

（6）2008 年 3 月 31 日，北京市中环电器公司研究决定取消办公室备用金定额，至本日办公室已开支费用 800 元（见表 5－14），收回现金 1 200 元（见表 5－15），经往来会计审核后编制记账凭证如表 5－16。

表 5－14　　北京市商品销售统一发票

发票联

G：1106038575006

№36475686

客户名称及地址：北京市中环电器公司　　　　2008 年 3 月 31 日

品名	规格	单位	数量	单价	金额								备注
					十	万	千	百	十	元	角	分	
复印纸		包	20	30.00			¥	6	0	0	0	0	
笔记本		个	10	10.00			¥	1	0	0	0	0	
签字笔		支	50	2.00			¥	1	0	0	0	0	
合计人民币（大写）	⊗捌佰元整						¥	8	0	0	0	0	

第二联　发票联

（印章：东方商城购物广场　税号:110224735319139　发票专用章）

填票人：严寒　　　　收款人：刘和平　　　　单位名称

表 5－15　　收款收据

2008 年 3 月 31 日　　　　№1200130

收款单位	北京市中环电器公司	交款单位	办公室	金额								
				百	十	万	千	百	十	元	角	分
金额（大写）	人民币：壹仟贰佰元整					¥	1	2	0	0	0	0
事由	备用金			备注：								

第二联　收据联

（印章：北京市中环电器公司　财务专用章）

会计主管：孙立　　　　收款人：刘浩　　　　制单：刘浩

表 5－16　　记　账　凭　证

年　月　日　　　　字第 24 号

摘　要	科　目		借方金额											贷方金额											√
	总账科目	明细科目	亿	千	百	十	万	千	百	十	元	角	分	亿	千	百	十	万	千	百	十	元	角	分	
合　计																									

附件　张

会计主管：　　记账：　　出纳：　　复核：　　制单：

（7）北京市中环电器公司往来会计将记账凭证提交财务负责人稽核，稽核后根据记账凭证登记“其他应收款明细账”（见表5－11）。

5.2 其他应付款典型业务

相关知识

其他应付款是指除应付账款、应付票据、预收账款、应付职工薪酬、应交税费、应付利息、应付股利等经营活动以外的其他应付、暂收款项，如应付租入包装物租金、存入保证金等。具体包括：

（1）应付经营租入固定资产和包装物租金；

（2）存入保证金（如收入包装物押金）；

（3）应付、暂收所属单位、个人的款项；

（4）职工未按期领取的工资；

（5）其他应付、暂收款项。

业务资料

2008年1月24日，临海华星电机公司销售给北京市中环电器公司材料一批，租用包装木箱20个，收取押金1 000元。2008年2月10日，还回包装木箱，退回押金。

相关岗位

往来会计、出纳、总账报表会计、财务负责人等。

业务办理

（1）临海华星电机公司出纳审核收款凭证（见表5－17），收取现金。

表5－17

收　款　收　据

2008年1月24日　　　　№1202222

收款单位	临海华星电机公司	交款单位	北京市中环电器公司	百	十	万	千	百	十	元	角	分
金额（大写）	人民币壹仟元整					¥	1	0	0	0	0	0
事由				备注：押金								

第二联　记账联

会计主管：孙晓红　　　收款人：　　　制单：李丹

（2）临海华星电机公司往来会计根据审核后的收款凭证编制记账凭证（见表5－18）。

表5－18

记　账　凭　证

2008年1月24日　　　　字第25号

摘　要	总账科目	明细科目	借方 亿	千	百	十	万	千	百	十	元	角	分	贷方 亿	千	百	十	万	千	百	十	元	角	分	√
收到包装木箱押金	库存现金							1	0	0	0	0	0												
	其他应付款	北京中环电器																	1	0	0	0	0	0	
合　计							¥	1	0	0	0	0	0					¥	1	0	0	0	0	0	

附件 1 张

会计主管：　　记账：　　出纳：刘天　　复核：　　制单：李静

（3）临海华星电机公司往来会计将记账凭证提交财务负责人稽核，稽核后根据记账凭证登记“其他应付款明细账”（见表5－19）。

表5－19 **其他应付款明细账**

二级科目或明细科目：北京市中环电器公司

2008年		凭证		摘要	借方										贷方										借或贷	余额										√
月	日	种类	号数		千	百	十	万	千	百	十	元	角	分	千	百	十	万	千	百	十	元	角	分		千	百	十	万	千	百	十	元	角	分	
1	24	记	25	收木箱押金															1	0	0	0	0	0	贷					1	0	0	0	0	0	

（4）往来会计将记账凭证传递给出纳岗位，由其登记“库存现金日记账”。

（5）2008年2月10日，还回包装木箱，退回押金（见表5－20）。

表5－20 **收 款 收 据**

2008年2月10日 №1200000

收款单位	北京市中环电器公司	交款单位	临海华星电机公司	金额								
				百	十	万	千	百	十	元	角	分
金额（大写）	人民币：壹仟元整					¥	1	0	0	0	0	0
事由	收回押金			备注：								

北京市中环电器公司 财务专用章

第二联 收据联

会计主管：孙立　　收款人：刘浩　　制单：刘浩

（6）往来会计根据审核后的付款凭证等编制记账凭证（见表5－21）。

表5－21 **记 账 凭 证**

2008年2月10日 字第26号

摘要	科目		借方金额											贷方金额											√
	总账科目	明细科目	亿	千	百	十	万	千	百	十	元	角	分	亿	千	百	十	万	千	百	十	元	角	分	
退回木箱押金	其他应付款	北京中环电器						1	0	0	0	0	0												
	库存现金																		1	0	0	0	0	0	
合计							¥	1	0	0	0	0	0					¥	1	0	0	0	0	0	

附件 1 张

会计主管：　　记账：　　出纳：刘天　　复核：　　制单：李静

（7）临海华星电机公司往来会计将记账凭证提交财务负责人稽核，稽核后根据记账凭证登记“其他应付款明细账”（见表5－22）。

表5－22 **其他应付款明细账**

二级科目或明细科目：北京市中环电器公司

2008年		凭证		摘要	借方										贷方										借或贷	余额										√
月	日	种类	号数		千	百	十	万	千	百	十	元	角	分	千	百	十	万	千	百	十	元	角	分		千	百	十	万	千	百	十	元	角	分	
1	24	记	25	收木箱押金															1	0	0	0	0	0	贷					1	0	0	0	0	0	
2	10	记	26	退押金					1	0	0	0	0	0											平								0			

（8）临海华星电机公司出纳登记“库存现金日记账”。